JN410375

# 공원의 봄

최규탁 수필집

**공원의 봄**

최규탁 수필집

1판 1쇄 인쇄/ 2020년 10월 10일
1판 1쇄 발행/ 2020년 10월 15일

지은이 / 최 규 탁
펴낸이 / 우 희 정
펴낸곳 / 도서출판 소소리

등록 / 제300-2007-21호
주소 / 03073 서울 종로구 성균관로 5길 39-16
전화 / 765-5663, 010-4265-5663
e-mail: sosori39@hanmail.net
www.sosori.net

값 13,000 원

*잘못된 책은 바꿔드립니다.

ISBN 979-11-5891-148-5 03810

최규탁 수필집

# 공원의 봄

프롤로그

# 살며 생각하며

종심(從心)의 나이에 수필가로 등단하고 나서, 바로 그해에 첫 수필집 『산수유 심은 뜻은』을 펴낸 지가 벌써 5년이 흘러갔다.

그 당시에 나는 '오래된 신인'이라는 소리를 들으며, 한 달에 한 편씩 글을 써서 5년 후에는 제2수필집을 내리라는 다짐을 마음속으로 하였는데, 나 자신과의 그 약속을 이루게 되어 다행으로 여긴다.

이제 나는 김형석 선생이 말한 대로라면, 내 인생의 황금기(60~75세)를 막 넘으려 하고 있다. 그렇지만 나는 현재에 충실하면서 '오늘을 즐긴다(카르페 디엠)'는 용기를 내어보기로 하였다.

그동안 계간 『문학시대』와 주간 『대한노인신문』, 그리고 문우(文友)들과 함께 엮었던 동인지 등에 수록하였던 글을 모으고, 미발표 졸작(拙作)들로 함께 묶어서, 부끄럼을 무릅쓰고 한 권의 책으로 엮어내기로 하였다.

나는 첫 수필집의 머리말에서 말한 것처럼, '스페로 스페라(살아 있는 한 희망은 있다)'를 다시 마음속으로 되뇌어본다.

2020년 9월 15일

최규탁

▶ 차 례

▶ 프롤로그

## 1. 까치들의 신년총회

청담공원의 봄 —・12
까치들의 신년총회 —・16
쪽동백과 때죽나무 —・19
동천(冬天)에 매달린 고엽(枯葉) —・23
세미원에서의 하루 —・26
제3기 인생에서의 칠순 나이 —・29
노년의 성과 사랑 —・33
서글프게 저무는 가을 —・37
만추(晩秋)의 고향 방문 —・40

## 2. 봄날의 호수공원

자비(慈悲)의 희년(禧年) —・44
봄날의 호수공원 —・47

시인의 가을 —·50
매미 노래에 잠 깨어 —·52
소녀의 보은 —·55
뜨거웠던 여름의 흔적 —·58
선하지 않은 가을 —·62
꽃 필 때 바람 많고 —·66
벚꽃 길을 걸으며 —·69

## 3. 하와이 바캉스

이베리아 반도에 가다 —·74
하와이 바캉스 —·79
로키 산맥과 알래스카 크루즈 —·86
태산(泰山)에 오르다 —·93
곡부(曲阜)에서 다시 만난 성인(聖人) —·98
아무르 강 너머에는 —·105
바이칼 호수와 몽골 평원을 찾아서 —·110
달과 그림자 —·117
일본 나가사키 성지 탐방 —·120
영남 지역 성지순례와 마무리 순례 —·126

## 4. 봉은사 탐매기


나리꽃에 받침대를 세워두고 —· 132

봉은사 탐매기(探梅記) —· 134

산수유(山茱萸) 추억 —· 137

담쟁이 덩굴의 아름다움 —· 140

도토리 이야기 —· 143

공원의 까치와 비둘기 —· 146

끝이 곧 시작이다 —· 150

봄은 언제부터인가 —· 153

입춘(立春)과 경칩(驚蟄) 사이 —· 156

배려(配慮) —· 159


## 5. 봄꽃 피는 현충원


문어(文魚)를 회상하며 —· 164

봄꽃 피는 서울 현충원 —· 168

매헌(梅軒)을 좋아한 사람들 —· 171

마지막 김장하는 날 —· 176

지담(池潭)에서 청담(淸潭)까지 —· 179

다섯 돌 손자 —· 183
손자의 입학식 날에 —· 187
외손자와의 일시 동거와 순댓국 소동 —· 190
험지(險地)에 나가있는 자식 —· 195

## 6. 포근한 겨울의 단상

첫눈 내리는 날 —· 198
포근한 겨울의 단상 —· 201
잔인한 4월 —· 204
지겨웠던 돼지해 여름 —· 209
삼한사미(三寒四微)와 탈원전(脫原電) —· 212
청수봉(淸水峰)과 도솔정(兜率亭) —· 216
삼자성어(三字成語) 난무(亂舞) 시대 —· 220
코로나 바이러스 검사를 받고 나서 —· 224
경자년의 봄 —· 227
윤달과 윤날이 겹쳐 드는 해 —· 231

에필로그 —· 234

# 1.

# 까치들의 신년총회

# 청담공원의 봄

나는 자연림 상태로 보존되고 가꾸어진 청담공원을 사랑한다. 그런 이유로 이 언덕에 기대어 30여 년을 살고 있다. 이곳을 자주 산책하면서, 운동도 하고 사색도 즐긴다.

야산 형태인 이 공원은 상록수가 매우 귀해서 겨울이 되면 잎을 떨군 앙상한 나목(裸木)들만 동산을 지킨다. 나뭇잎이 무성할 때에는 가려져 있던 무덤들도 겨울에는 모습이 드러난다. 그래서 겨울의 자연공원 풍경은 더 삭막하다.

하지만 3월에 접어들면 양지바른 곳부터 생기가 감돌기 시작한다. 눈을 헤치고 나온 노란 복수초(福壽草)가 가장 먼저 눈에 띈다.

나무 가운데 가장 먼저 노르스름한 꽃을 피워내는 것은 풍년화(豊年花)다. 개구리가 겨울잠에서 깨어난다는 경칩(驚蟄) 무렵이면 잎보다 먼저 꽃이 피기 시작하여 거의 한달 가량이나 유지된다.

정말 자세히 보아야 예쁘지만 참 소박하다. 오래 보아도 사랑스럽다기 보다는 애처로워 보인다. 더구나 밤에는 아직 한기가 남아있고 잎도 나지 않았으니, 꽃인들 어찌 춥고 외롭지 않으랴.

이 풍년화는 공원의 남쪽 능선을 따라 길이 난 산책로 양 옆으로 30여 그루가 군락(群落)을 이루고 있다. 한곳에만 집중되어 있는 것으로 보아서는 수년 전에 의도적으로 심은 것으로 보인다. 왜냐하면 이 나무는 일본이 원산지이고, 일본식 한자 표기로는 満作(만작)이라 하는데, 우리말의 풍작(豊作)을 뜻하는 말이라고 한다. 그래서 우리나라에 들여올 때에는 원래의 뜻을 살려 풍년화라 했다는 풀이가 있다.

보름쯤 지나 춘분(春分)이 되면 우리나라 토종인 생강(生薑)나무가 노란 꽃을 피우기 시작한다. 산수유와 생김새가 비슷하지만, 꽃대가 매우 짧아 줄기에서 바로 꽃잎이 피어난 것처럼 보인다. 동남쪽 구릉에 한 그루가 외로이 서 있다.

이 생강나무의 다른 이름은 납매(蠟梅) 또는 산호초(山胡椒)라고 하며, 강원도에서는 동백(冬柏)나무라고도 부른다. 붉은 꽃이 피는 진짜 동백나무가 없던 산골에서는 이 생강나무의 기름을 짜서 머릿기름으로 대용한 까닭에 생긴 이름이라고 한다. 그래서 '노란 동백꽃'은 생강나무꽃 또는 산동백을 뜻한다는 것이 정설이다.

또 김유정의 단편소설 「동백꽃」에서는 이 노란 동백꽃의 향기를 "알싸한 그리고 향긋한 그 내음에서, 나는 땅이 꺼지는 듯이 온 정신이 그만 아찔하였다."라고 표현하였다.

또 이때쯤이면 산수유(山茱萸)가 화사하게 샛노란 꽃을 피워낸다. 생강나무와 매우 비슷하지만 노란색이 선명하고 꽃술도 길다. 겨울잠에서 깨어난 부활의 상징처럼 보인다.

그러나 청담공원의 산수유나무의 역사는 매우 짧다. 수년 전에 태풍으로 부러진 아까시나무와 상수리나무 고목들을 베어내고, 새로운 나무들을 대체하여 심을 때 선택된 수종이다. 첫해에는 정상 부근 동쪽 언덕배기를 산수유 단지로 선정하고, 시민들의 기증을 받아 산수유를 심을 예정이라고 하였다. 그때 나도 소정의 금액을 내고 지정된 자리에 손자의 명패를 단 산수유 한 그루를 심었다.

처음에는 여러 그루를 심었으나, 지금은 세 그루만 살아있다. 손자의 명패를 단 나무와 양 옆의 것만 겨우 살아남아 노란 꽃을 피워낸다. 이것은 내가 정성껏 물을 뿌려주고 거름도 준 덕분이라고 생각한다.

이듬해에 이곳에 추가로 심어진 것은 산수유가 아니라, 조팝나무와 척박한 야산에서는 살기 힘든 배롱나무였다. 여기가 산수유 단지가 될 것이라는 기대는 사라지고 말았다. 자세히 살펴보니 추가로 심어진 어린 산수유 묘목은 배드민턴 운동장 옆 길가에 서너 그루가 새로 눈에 띈다.

당초에 심기로 하였던 정상 부근 동쪽 언덕에 계속 심어 산수유 군락(群落)을 만들었으면 얼마나 멋질까 생각해본다.

이른 봄의 공원 풍경을 둘러보고 돌아오는 길에 둘러보니, 우리 아파트 정원 곳곳에도 산수유 몇 그루에 꽃이 피어 있다. 이웃 빌라의 남쪽 화단에도 산수유가 노랗게 웃고 있다.

꽃말이 '영원한 사랑'인 산수유가 주택가 정원에도 그리고 청담공원에도 풍성하게 피어나서, 사랑이 넘치는 따뜻한 봄이 되었으면 좋겠다는 상상을 해본다.

# 까치들의 신년총회

겨울치고는 따뜻했던 어느 날 해질 무렵의 일이다. 동네 자연공원의 아까시나무 주변에 까치 50여 마리가 모여 이리저리 날다가 앉기를 반복하면서 소란을 피우고 있었다. 여러 마리가 한꺼번에 울어대는 모습이 보기 드문 장관이다.

무슨 일이 있었는지, 그들의 회의 주제가 무엇인지 알 수가 없다. 다만 짐작하건대 평소에 없던 심각한 문제가 생겼거나, 산란기를 앞두고 영역을 조정할 필요가 있어 갑론을박(甲論乙駁)하는 모양이다. 그것이 아니면 새해를 맞아 '신년총회'를 하고 있는지도 모르겠다.

까치는 새 중에 머리가 매우 좋은 편이다. 시골 동네 어귀에 사는 까치는 마을 사람들의 얼굴은 물론, 냄새까지도 기억한다고 한다. 그래서 낯선 사람이 나타나면 동료들에게 경계경보를 내리느라고 울어대는데, 사람들은 반가운 손님이 올 것을 알려주는 길조(吉鳥) 또는 희작(喜鵲)으로 알았다.

그래서 매화나무 가지에 까치가 앉아있는 동양화를 희보춘선(喜報春先)이라 하였다. 이는 "새봄을 맞이하기 전에 기쁜 소식이 있으리라."는 우의(寓意)를 나타내는 그림이다. 화투의 2월 매조(梅鳥) 그림도 원래는 여기서 연유한 것인데, 일본에는 까치가 드물어 꾀꼬리로 바뀌었다는 설이 있다.

그런데 까치의 실상은 많이 다르다. 까치는 잡식성이어서 벌레와 곡식 낟알과 과일 등을 모두 먹을 수 있고, 때로는 쥐나 뱀도 잡아먹는 맹금류와 유사하다. 까치의 난폭함을 보여주는 사례로, 한강의 밤섬에 사는 까치가 살아있는 뱀을 잡아먹는 모습이 방영된 적이 있다. 자기들의 세력권 안에 여우나 독수리가 침범해도 무리 지어 공동방어에 나서기 때문에 이들도 까치와의 다툼을 피할 정도라고 한다.

또한 과수 농가와 전신주에도 막대한 피해를 주기 때문에 정부에서는 관계법령에 따라 유해조수(有害鳥獸)로 지정하여 포획할 수 있도록 하였다. 그러나 식용으로 쓰이지 않아 엽사(獵師)들이 일부러 사냥하지는 않는다.

이 까치들의 소란을 보려니, 한전 재직 시절 까치와의 전쟁 기억이 떠올랐다. 그때는 까치가 가로수를 놓아두고 전주에 집을 짓는 까닭을 잘 몰랐고, 집 지을 나뭇가지가 부족하여 전기가 흐르는 철사까지 동원하는 것을 까치집을 헐어내 보고서야 알았던 시절이었다. 이제는 전선을 절연화(絶緣化)하여 까치날개가 닿아도 전류가 흐르지 않게 함으로써 감전(感電)되지 않게 하였다. 그리고 전주의 까치집에 번호를 부여하며 보호하는 수준에 이르렀다.

이런 회상을 하며 도심 자연공원에서 바라본 까치들의 소란을 그들의 신년 인사회 정도로 이해하기로 했다. 집으로 돌아오는 길의 석양은 빌딩 숲 너머로 붉게 넘어가고 있었다.

# 쪽동백과 때죽나무

5월 초순의 야산에는 하얀 꽃을 스쳐가는 산들바람이 향기롭다. 그 달콤한 향기의 첫 주인공은 키다리 아까시꽃이다. 이 향기는 성당 뒤편 골목길까지 퍼져나간다. 동네 어귀에 들어서면 기분이 좋아지기 시작하는 까닭이다.

산책길에서 아까시꽃보다 더 달콤한 냄새를 풍기는 하얀 꽃이 눈에 띄었다. 다섯 개 꽃잎이 별 모양으로 한 송이를 이루어 참 예쁘다. 아까시꽃처럼 한 줄기에 여러 송이가 달렸으나 나뭇잎은 넓적하다. 오래전부터 그 자리에 있었건만 이제서야 다시 자세히 살펴보게 되었다.

그 이름이 궁금하여 지나가는 사람들에게 물어보았으나, 모두 고개를 가로젓기만 한다. 그러다가 나이 지긋한 분이 좀 자신 없는 목소리로 말했다. "흰 꽃이 동백을 닮았으니. '백동백'이 아닐까요?" 하고 되물었다.

인터넷을 찾아보니, 붉은 동백꽃과 생김새는 같지만 흰 색깔 동백나무가 정말로 있기는 하였다. 그러나 이것은 모두 차나무과에 속하는 것들이다. 청담공원의 작은 별 모양 꽃과는 확연히 달랐다.

야산에 서식하는 또 다른 백동백도 있는데, 이것은 녹나무과의 감태나무를 달리 부르는 이름이다. 가을에는 까만 열매가 달리고 겨울에도 갈색 잎이 가지에 붙어 있다가 봄에 새순이 나올 때 떨어지는 것이 특징이다. 새순 보호본능이 대단한 나무인 모양이다.

결국 백동백(白冬柏)은 흰색 꽃이 피는 차나무과의 동백꽃이기도 하면서, 녹나무과인 감태나무의 다른 이름이기도 한 셈이다.

내가 정작 알고 싶어 했던 작은 별 모양의 꽃은 뒤에 알고 보니 '쪽동백'이었다. 이웃에 사는 전문가를 자처하는 분이 자신 있게 말해주었다. 산책길에서 만난 그이는 젊어서 출판사에 근무할 때 식물도감을 손으로 그렸다는 쾌활한 여성 문인이기도 하다.

아무튼 쪽동백은 때죽나무과에 속하는 것이고, 차나무과의 백동백과는 완전히 다른 종이다. 그런데도 다같이 '동백'이라는 이름을 달고 있는 것은 식물계에서 동백이라는 이름의 인기가 좋은 때문이 아닐까 하고 생각해본다.

또 살펴보니 쪽동백을 꼭 닮은 다른 흰 꽃이 바로 옆에 있었다. 그것은 '때죽나무'였다. 쪽동백과 때죽나무는 이름의 연관성은 없지만, 같은 과에 속하는 이웃사촌간이다. 낱개의 꽃송이만 나란히 놓고 보면 전문가도 구분하기 힘들만큼 비슷하다.

그러나 쪽동백꽃은 아까시처럼 여러 개의 꽃이 한 줄기에 이어져 매달려 있고, 때죽나무꽃은 각각 낱개로 꽃송이가 따로 매달린다. 또 쪽동백은 때죽나무에 비해 상대적으로 잎이 넓다. 그리고 같은 시기(5월 상순)에 피지만, 때죽나무꽃이 쪽동백보다 오래 간다.

이렇게 여름이 가까워진 5월에는 여러 종류의 흰 꽃이 피어나고 있다. 가장 높은 데서 하얗게 피는 것은 아까시꽃이다. 사촌간인 쪽동백과 때죽나무가 별 모양의 꽃으로 그 뒤를 따른다. 또 산딸나무는 하얀 십자 모양으로 피어나고, 층층나무는 가지가 층층으로 달리면서 흰 꽃송이가 뭉쳐서 함께 핀다. 하얀 찔레꽃은 덩굴을 이루며 짙은 향기를 풍긴다. 그러나 옛날 노래 가사에 나오는 대로 '붉게 피는 찔레꽃'은 보지 못했다. 그 열매가 붉을 뿐이다.

아무튼 그동안 눈여겨보지 않았던 흰 꽃들을 구별해보며 그 이름을 불러주려다가 내 희끗희끗한 머리만 혼란스러워졌다. 괜한 짓을 한 듯싶다. 굳이 그 이름을 알아서 무엇에 쓰고, 또 모른들 누가 뭐라 하랴. 이 아름다운 봄 풍광을 즐기면 그만인 것을.

어지러워진 머리 속을 비우려고 파란 하늘을 한참 쳐다보다가, 옛 사람의 시 한 편을 찾아 음미하며 이 봄날을 흘려보낸다.

| 봄 경치 구경하기 | 賞 春 |
|---|---|
| 지팡이를 잡고 찾아간 그윽한 산길 | 曳杖尋幽逕(예장심유경) |

나 홀로 배회하며 봄꽃을 즐겼네　　　徘徊獨賞春(배회독상춘)
소매 가득 봄 향기 담아 돌아오려니　　歸來香滿袖(귀래향만수)
멀리서 나비들이 나를 따라 오네　　　蝴蝶遠隨人(호접원수인)

*환성 지안(喚醒 志安) 스님(1664~1729)의 한시

# 동천(冬天)에 매달린 고엽(枯葉)

지난해 12월은 42년 만의 따뜻한 겨울이었다. 그 이상고온의 원인은 엘니뇨(적도 부근 동태평양의 해수면 온도상승 현상) 때문이라 한다. 호수나 강물이 얼지 않아 겨울 축제를 준비하거나 이를 기다리는 사람들을 애태웠다. 또 겨울 방한복을 파는 상인들도 마찬가지였다고 한다.

해가 바뀌어 한 해 가운데 가장 춥다는 소한과 대한 사이인 1월 중순에 접어들자, 장기간의 매서운 한파가 닥친다는 기상예보가 나왔다. 이름 있는 절기의 체면을 세워주려고 겨울다운 겨울이 예외 없이 찾아오는 모양이다.

본격적인 추위가 오기 전에 으스스한 몸을 조금 추슬러 볼까 하고 집에서 가까운 자연공원에 산책하러 나섰다. 그러나 피곤하여 걷는 흉내만 내다 말고 곧 심드렁하게 산등성이를 돌아 집으로 오는 길에서의 일이다. 모진 삭풍(朔風)을 견디며 가지 끝에 매달려 스산해 보이는 고엽(枯葉)들이 눈에 띄었다.

자세히 살펴보니 희미한 회갈색(灰褐色)으로 바래져 바싹 마른 잎이 단단히 붙어있는 것은 떡갈나무였고, 언덕배기의 가냘픈 단풍나무도 작고 바싹 마른 잎을 매달고 있었다. 이 나무들은 겨울이 깊어 가는데도 어째서 잎을 떨구지 못하고 있는지 궁금했다.

사연을 알아보니 참 애틋하다. 이 나무들은 잎의 끝자락으로 내년에 싹틀 어린 순을 감싸서 시림을 막아주다가, 이듬해 싹틀 무렵이 되면 그제서야 저절로 떨어져나간다고 한다. 그러면 식물인 이 나무들에도 형제애가 있다는 말인가?

형만한 동생이 없다는 속담이 있기는 하지만, 내년에 태어날 '동생 잎'을 위해 한 해 먼저 돋아났던 '형 잎'이 가지 끝에 매달려 삭풍을 막고 견디는 모습이 정말 놀랍고 신비하다. 일부러 손으로 떼어보려 해도 부서질지언정 쉽게 떨어지지는 않는다.

인간을 포함한 이 땅의 모든 생명은 결국 왔던 곳으로 되돌아가는 것이 타고난 운명이다. 그래서 불가(佛家)에서는 낙엽귀근(落葉歸根)이라는 말을 비유적으로 사용했을 것이다. 그러나 제자리로 돌아갈 때까지의 모습은 저마다 다르다는 사실을 이 마른 잎들이 새롭게 일깨워준다. 저 고엽의 교훈이 가슴에 시리다.

그들을 뒤로하고 언덕을 내려와 집 마당에 들어서서 태곳적부터

이 땅에 살아왔다는 목련(木蓮)을 쳐다보니, 가지 끝에서는 벌써 꽃눈이 부풀어 오를 준비를 하고 있다. 입춘(立春)은 아직 두 순(旬)이 넘게 남아있는 데도 이 옛 나무는 벌써 봄꿈을 꾸고 있다. 이 추위 속에서도 저 멀리서는 봄이 다가올 채비를 하고 있는 모양이다.

(2016.1)

# 세미원에서의 하루

우리 수필교실이 여름방학을 맞이하자, 문우들이 우아한 자태를 뽐내는 여름연꽃을 보러 가자는 의견이 나왔다. 마침 팔당 상류 양수리의 세미원(洗美苑)에서 '연꽃문화제'가 열리는 기회를 활용하기로 하였다. 참가 희망자는 단출하게 10명이다.

장마 뒤끝이 아직 남아있는 중복(中伏)날 아침에 상봉 전철역에서 만나 함께 교외선을 갈아타기로 하였다. 지도 선생님이 제일 먼저 와서 제자들을 기다렸고, 부지런하고 활달한 반장이 간식거리를 챙겨와 앞장섰다. 팔당 가까운 곳에 별장이 있다는 문우는 자청해서 길안내를 맡았다.

세미원은 남한강과 북한강이 합쳐지는 두물머리(양수리) 근처에 인공으로 조성된 수상(水上) 정원으로 산책하기에 좋다. 연꽃과 창포를 비롯한 여러 가지의 수생(水生) 식물을 심고, 이를 이용한 강물의 자연정화와 시민들의 여가선용에 기여할 목적으로, 경기도가

100억 원 넘는 재원을 투자하여 조성하였다.

세미원이라는 이름은 물을 보며 마음을 씻고〔觀水洗心〕, 꽃을 보며 마음을 아름답게 가꾼다〔觀花美心〕는 옛 성현의 뜻을 담아 이름 지은 것이라고 한다.

또한 이곳은 팔당호가 3면을 둘러싼 '물의 정원'으로, 노자(老子)의 가르침인 상선약수(上善若水: 가장 좋은 삶은 물 흐름과 같은 것이다)라는 말을 떠올리게 한다. 10여 년 전에 내가 직장생활을 마감하고 물러나는 퇴임식 자리에서, 제3기 인생에서 삶의 지표로 삼을 것이라고 후배들에게 공개적으로 다짐했던 말이기도 하여 감회가 새로웠다.

세미원에서 가장 유명한 것은 연꽃이다. 연꽃은 속세의 더러움 속에 있어도 그것에 오염되지 않고 청정을 유지한다. 그래서 불교에서는 극락세계를 상징하는 존귀한 꽃으로 대접받는다. 특히 석가모니께서 영산(靈山)에서 설법하면서 연꽃을 들어 보였을 때, 수제자 가섭(迦葉)만이 빙그레 웃는 염화미소(拈華微笑)로 대답하였다는 이야기가 유명하다.

새삼스레 이곳에서 연꽃을 가까이 다가가 자세히 보니, 흰 꽃은 청초한 신비스러움이 풍겨 나오고, 분홍색 꽃은 수줍은 아가씨 같은 느낌이 들었다.

세심로(洗心路)를 지나 배다리〔舟橋〕와 연결되는 곳에 있는 세한정(歲寒亭)에는 추사(秋史)가 제주도 귀양지에서 그린 세한도(歲寒圖)처럼, 소나무와 잣나무가 심어져 있었다. "계절이 추워진 뒤에야 소나무와 잣나무의 푸르름을 알 수 있다.〔歲寒然後 知松柏之後彫也-論語 子罕篇〕"는 말이 떠올라, 실제로 눈 내린 겨울에 다시 한 번 찾아와 봐야겠다는 생각이 들었다.

이처럼 물과 꽃의 정원 세미원을 찬찬히 둘러보니 음미할 만한 것이 예상외로 많이 있었다. 여기서도 아는 것만큼 보인다는 금언은 맞는 말인 듯하다.

그러나 비가 온다는 일기예보가 나온 가운데 무더위도 극성이어서, 볼 것이 많아도 오래 걸으며 돌아다니기 힘들었다. 우리 모두는 우산을 준비해 갔었지만, 펴지 않게 되어서 그나마 다행이었다.

점심시간이 가까워지자 모두 서둘러 전철역으로 가서, 국수역 인근의 소문난 음식점에서 맛있는 점심을 즐겼다. 복날이라고 해서 훈제 오리요리가 단 호박찜과 함께 나왔다. 귀한 시래기 무침도 푸짐하게 제공되었다. 토속 막걸리는 손님들이 마음대로 술독에서 직접 무제한 퍼다 먹을 수 있었는데, 갈증을 달래고 나니 생각만큼 많이 먹히지는 않았다.

이렇게 한여름 복날의 세미원 연꽃 기행은 모두 땀에 흠뻑 젖고 나서야 마무리되었다. 물로 마음을 얼마나 씻어내었는지, 또 꽃으로 마음을 얼마나 아름답게 했는지는 각자의 몫으로 남았다.

서울로 돌아가는 길에서는 텅 빈 전철 한 칸을 우리 일행이 독차지 하였다. 마치 대접받는 듯한 기분이 들면서 몸이 시원해지더니, 이내 마음도 다시 여유롭고 차분해졌다. 한여름이라도 꽃을 보는 일은 역시 즐거운 일인가 보다. (2016.7.27)

# 제3기 인생에서의 칠순 나이

금년에 나는 칠순(七旬)이라는 나이 고개를 무난히 넘어가고 있다. 이 나이는 과거에는 고희(古稀) 또는 종심(從心)이라는 별도의 명칭으로 부르기도 할 만큼 중요시한 나이였다. 그러나 이제는 평균수명에도 못 미치는 나이이고, 경우에 따라서는 노인대접을 받기도 힘든 나이다.

예전에는 생애주기를 4계절에 비유하여 4단계로 구분하는 것이 흔한 비유적 방법이었다. 즉, 아동기(봄), 청년기(여름), 성인기(가을), 노년기(겨울)로 구분하는 방식이다. 이 옛날 기준대로라면 70세 나이는 만추(晩秋)의 노을을 바라보는 처지일 것이다. 그러나 나는 아직 그렇게 치부하고 싶지 않아서 새로운 동향을 살펴보기로 하였다.

지난 세기에 발달심리학자 에릭슨(Erikson: 1902~1994)은 생애주기를 8단계로 나누어 설명하였다. 그러나 18세 이전의 성장기를

5구간으로 세분한 것을 하나로 묶으면, 역시 4단계로 줄일 수 있다. 즉, 성장기(18세 이전), 초기성인기(19~39세), 중년기(40~64세), 노년기(65세 이상)이다.

40세 전후를 기준으로 청년기와 장년기를 구분한 것이 특징이고, 65세 이상을 노인으로 보는 것은 종래의 유엔(UN) 기준과 동일하다.

1989년에 영국의 사회철학자 피터 라스렛(Peter Laslett)은 평균수명이 점차 늘어나는 고령화 사회를 예상하여, 인생주기를 구체적 나이와 관계없이 개념적으로 구분하면서 노년기의 중요성을 강조하였다. 그는 인생주기를 출생에서 교육을 마칠 때까지(대체로 25세경까지)를 제1기 인생이라 하였다.

제2기는 취업하고 독립하여 결혼한 다음, 가정과 사회에 대한 의무를 다하면서 퇴직할 때까지(대체로 60~65세까지)를 말하는데, 지나고 보면 어느새 지나간 세월인지 까마득할 때도 있다. '제3기 인생'은 퇴직 후 건강하게 지내는 가장 중요한 시기로서 연령의 상한을 두지 않는다. 건강을 잘 유지해온 사람에게는 80세나 90세까지도 제3기에 해당된다.

제4기 인생은 퇴직하여 건강하게 제3기를 지내다가, 건강이 나빠져서 독립적으로 생활하기 어렵게 되는 의존적 시기를 말한다. 우리나라의 경우는 개인차가 있지만, 지병으로 고생하며 사는 제4

기 인생이 평균 10년이라고 한다.

일반적인 구분으로 보면 제3기와 제4기를 묶어 노년기라 할 수 있지만, 라슬렛이 특별히 강조한 것이 바로 제3기 인생이다. 제3기 인생에서의 과업이 바로 '자기성취(自己成就)'에 있기 때문이다.

또한 미국의 사회심리학자인 윌리엄 새들러(William A. Sadler)는 제3기 인생의 과업을 '제2의 성장'으로 본다. 제2의 성장에서 중요한 것은 창의력을 활용하여 타성적 생활을 쇄신하면서, 긍정적이고 낙관적으로 제3기 인생의 정체성을 학보하고, 일과 삶의 조화와 타인에 대한 배려 등 6가지 원칙을 강조하고 있다.

그런데 금년 들어 유엔은 평균수명이 길어진 것을 반영하여 수명주기를 새롭게 발표하였다. 이에 따르면 0~17세는 미성년자, 18~65세(48년간)는 청년기이며, 66~79세(14년간)는 중년, 80세 이상을 노년이라 하고, 100세 이상은 장수노인으로 분류하였다.

청년기가 48년으로 가장 길고, 중년기는 14년 간으로 가장 짧다. 특히 80세가 되어야 노년으로 본다는 것이 주목할 일이며, 현재의 65세 이상을 노인으로 분류하는 것에 비하면 15년이 늘어난 셈이다.

이 새로운 분류기준에 따르면 두보(杜甫) 선생이 고희(古稀: 人生七十古來稀)라고 했던 70세 나이는 중년(中年)의 초입을 이제 겨우 지났을 뿐이고, 노인이 되려면 아직 10년이나 남은 셈이다. 따라서 70대 10년이야말로 인생의 황금기(Golden Time)요, 최선을 다해 살아 볼만한 기간이라고 하지 않을 수 없다.

따라서 이제부터 더 다부진 각오와 비전을 가지고 하루하루를 더욱 소중히 여기면서, '오늘 여기'를 중요시하는 자세로 충실하게 살아가야 하겠다. 또한 제3기 인생론에서 강조하는 자아통합(自我統合)과 노년초월(老年超越)을 동시에 추구해야겠다는 다짐도 해본다.

(2015)

*최성재 『새로 시작하는 제3기 인생』, 서울대학교출판문화원(2009) 참조

# 노년의 성과 사랑

신문에서 우연히 노(老) 철학자 김형석(金亨錫) 교수의 인터뷰 기사를 흥미 있게 읽었다. 그는 금년에 우리 나이로 97세(1920년생)로서, 젊은 시절에 쓴 「영원과 사랑의 대화」 같은 인생론 수필로 당시의 우리 젊은이들에게 감명을 주었던 철학교수다.

지금도 강연과 저술 활동을 하는 그에게 기자가 그 비결을 묻자, '정신적 긴장을 주는 공부와 여행 그리고 연애가 장수 비결'인데, 이는 자기의 동갑 친구이자 3년 전에 작고한 안병욱(安秉煜: 1920~2013) 교수의 말이라고 에둘러 말하였다. 그때 김교수가 "당신은 그걸 알면서 당신은 왜 늙었느냐?"고 농담하니까, 안교수는 "연애를 못해서 그렇다."고 대답하였다면서 웃었다고 한다. 노 교수들의 대화에서 속되지 않으면서도 노년의 성과 사랑에 대한 진심이 느껴진다.

그러나 12년 전에 상처(喪妻)한 김 교수 자신의 재혼(再婚) 용의를 묻는 질문에는 "동거를 선언하고 같이 사는 것은 몰라도, 우리 사회의 인식과 가족 제도에서 정식 결혼은 쉽지 않다."고 말했다. (조선일보 2015.6.29) 매우 공감이 가는 말이다.

그런데 지난해에 다른 나라에서는 노년의 사랑으로 세계적 화제가 된 인물이 떠오르기도 하고, 사라지기도 하였다. 존경과 부러움을 함께 받은 사례들이다.

우선 세계 최고령 부부의 기록을 경신한 사람은 영국인들이다. 103살의 신랑 조지 커비 할아버지와 91살의 신부 도린 럭키 할머니가 지난해 6월 13일에 정식으로 결혼식을 올렸다는 소식이 전해졌다. 이 두 사람은 각기 이혼 또는 사별하여 혼자 지내다가 27년 전부터는 연인 사이로 지내왔는데, 밸런타인데이(2월 14일)에 할아버지 예비 신랑이 청혼하여 할머니 신부의 동의를 얻었다. 이어 가족들의 권유로 올린 결혼식에는 자녀 7명과 손주 15명 증손주 7명도 참석하여 축하를 보냈다고 한다.

또 지난해 서거한 헬무트 슈미트 전 독일총리(재임: 1974~1982)는 3년 전 94세 때에 오랫동안 개인 비서였던 79세의 루이스 로아와 정식 결혼하였다. 당시 국내외 언론들은 아흔이 넘은 나이에 사랑에 빠진 슈미트는 행복한 노인이라는 찬사를 보냈다. 독일 통일의 기초를 닦았고 지성과 소신을 겸비한 정치인이어서, 상처한 지 2년 만에 나이를 극복하고 재혼한 그에게 독일 국민들은 존경과 지지를 보냈다고 한다.

동방정책으로 노벨 평화상을 받은 빌리 브란트(1913~1992) 전 독일 수상도 만년에 손녀뻘 여비서와 동거하다가 결혼한 일이 있었다.

또 독일의 대문호 괴테(1749~1832)는 74세의 나이에 19세의 처녀 오를리케 폰 레베초를 꿈같이 사랑하게 되었는데, 그 연모의 정으로 시집 『마리엔비더의 비가』(1823)를 썼다고 한다. 그런데 15년 전에는 오를리케의 어머니를 사랑하고 숭배까지 하였다고 하니, 이 위대한 문인은 사랑이 흘러넘치나 보다. 그는 오를리케 부인에게 청혼하면서 "어떤 비난이나 욕설로도 사랑을 탓할 수는 없다."고 하였다 하니, 사랑에 나이가 문제되지 않는 것은 독일의 오래된 전통인가.

우리나라도 조선시대의 임금 가운데 가장 오래 산 왕인 영조(英祖)는 66세 때에 15살의 정순왕후(貞純王后) 김씨(1745~1805)를 계비(繼妃)로 맞이하여, 노년의 성(性) 생활을 즐기며 83세까지 장수하였다고 한다.

이것은 76세에 처음 혼인하여 아들을 낳고, 백수(白壽: 당년 99세)까지 장수한 실존 인물인 홍유손(洪裕孫: 1431~1529)의 비법을 따라, 소박(素朴)한 음식을 정시(定時)에 먹은 것이 장수의 비결이라고 전해온다.

수년 전에는 70대 시인의 10대 여고생에 대한 사랑을 그린 영화 「은교」가 크게 화제가 되기도 하였다.

이와 같이 성(性)과 사랑에는 정년이 없고 신분의 차이도 없는 것이 동서고금의 공통적 현상이다. 또한 의학적으로도 지속적인 성생활이 노년의 활력을 유지시키는 비타민이라는 것이 정설이다.

그러니 이제 고희를 넘긴 벗들도 나이 탓을 하거나 남의 눈치를 보지 말고, 건강을 잘 관리하면서 같이 늙어가는 노부부 사이의 따스운 사랑에 좀 더 용기를 낼 일이다. 또 이 시대를 함께 살아가는 사람들 가운데 배우자를 먼저 다른 세계로 떠나보내고 홀로 지내는 사람들도, 용기를 가지고 적극적으로 알맞은 짝을 찾아볼 일이라 생각된다. 정식 결혼 여부는 별도로 고려하고 말이다.

(2016)

# 서글프게 저무는 가을

무술년(2018) 가을은 갑자기 시작되었다. 지난여름의 지독했던 더위를 보상이라도 해주려는 듯이, 9월에 접어들자마자 늦더위를 생략하고 가을다운 가을이 시작되었다. 청명한 아침에 창문을 열면 사각사각 소리 내며 낙엽을 쓸고 있는 부지런한 경비원 아저씨의 비질 소리가 정겹다.

모든 나뭇잎이 다시 꽃으로 변하는 가을은 두 번째 봄이라고 알베르 까뮈(1903~1950)가 말했지만, '미국 담쟁이넝쿨(woodbine)'이 빨갛게 물들어가는 모습이야말로 꽃보다 아름답다. 내가 살고 있는 아파트로 올라가는 길가의 담장에는 이 큰 잎 담쟁이가 날로 변해가는 모습이 신비롭다. 나는 다섯 손가락 모양의 붉은 잎을 몇 개 따서, 우리 아파트 입구의 키 작은 소나무[盤松] 위에 꽂아 두었다. 초록색 바탕에 붉은 낙엽이 내려앉은 모습이다.

동네 주민들은 누군가가 일부러 저렇게 해둔 것을 눈치 채고는 아무도 치우지 않고 드나들 때마다 바라본다. 나는 이틀마다 새것으로 교체해 주기로 했다. 눈치 빠른 이웃집 사람은 나를 건너다보면서, 이게 누구의 짓인지 짐작이 간다고 했다. 나는 눈웃음으로 시인해 주었다.

그런데 거의 매일 산책을 나가는 야산 자연공원의 비탈길에는 키 작은 싸리나무의 노란 단풍이 가냘프다. 한여름에 작은 보라색 꽃이 생기있고 고왔었는데, 세월 앞에서는 무력하게 시들어가는가 보다.

사람도 그렇다. 지팡이를 짚고도 열심히 산책을 다니던 키가 작은 할아버지의 모습이 이번 가을에는 보이지 않는다. 한걸음의 길이가 한발자국도 안 되는데도 노년의 건강관리를 위해 아장걸음으로 산책에 나서곤 하던 분이다. 아마도 다른 세상으로 가신 듯하다.

더욱 안타까운 소식도 들려온다. 노부부가 살던 안동의 시골 마을 농가에서 새벽에 불이 났다. 할머니(80세)는 아픈 다리를 끌고도 간신히 집 밖으로 빠져 나왔다. 이때 마침 시내에 살던 아들이 송이 따는 일을 도우려고 이 집을 찾아왔다. 아들은 어머니로부터 "아비가 아직 안에 있다."는 말을 듣고는 타고 온 자동차의 시동도 끄지 않은 채, 앞뒤를 가리지 않고 아버지를 구하러 불구덩이 속으로 뛰어 들어갔다. 불이 다 꺼진 뒤에 확인해보니, 부자 모두가 불에 탄 시체로 발견되었다고 한다.(동아일보: 2018.10.11) 이 얼마나 애통한 일인가!

이 가을은 낙엽 때문에 아름답다고 하지만, 그래서 또 서글프기도 하다. 겨울로 접어들기 시작한다는 입동(立冬)날에 부슬비 내리는 정원을 내려다보니, 붉게 물든 단풍나무의 색갈이 더욱 선명해 보인다.

그러나 가을이 깊어가는 탓인지 내가 늙어가는 때문인지, 그 찬란한 붉은 색깔 속에 처연(悽然)한 슬픔이 배어 있는 것 같이 느껴진다. 나이 탓일까, 세월 탓일까. 이 비 내리는 가을날의 가을 풍광 속에는 쓸쓸함과 서글픔이 함께 묻어나는 듯하다.

(2018.10.8. 입동)

# 만추(晩秋)의 고향 방문

올해에는 가을이 깊어가는 11월에 시골 고향을 두 번이나 다녀왔다. 첫 번째 방문(11월 3일)은 성묘(省墓)를 위해 미리 정해둔 첫 번째 토요일이었고, 두 번째(11월 15일)는 당내(堂內: 고조 할아버지가 같은 8촌 이내의 親族)인 큰집 장조카를 문상(問喪)하기 위해서였다.

먼저 11월의 첫 번째 토요일은 원래 방어곡(防禦谷) 큰댁〔梅山公宅〕 큰 산소의 시제일(時祭日)이었으나, 지금은 벌초와 성묘를 겸하여 추석 전에 시행하고 있어서, 우리 집 사가(私家)의 성묘일로 남게 되었다. 그러나 우리 형제들도 내년부터는 추석 2주전 토요일 경에 인부를 사고, 벌초와 성묘를 하루에 마치자는 의견이 우세하다.

장남인 나는 몇 해라도 더 지금처럼 11월(가톨릭 교회에서는 慰靈聖月)에 성묘를 위해 별도로 모이는 지금의 방식을 더 유지하고 싶다. 그러나 이제 다리의 힘도 점차 시들어가고 있는 데다가, 다수결에서 밀리니 내 주장을 계속할 수 없는 형편이다.

이날 우리 8남매는 성묘를 마치고는 저녁에 예약된 한우 식당에 가서 술과 음식을 서로 권하며 회포(懷抱)를 풀었다. 본가에 돌아와서도 우리 남매들은 성묘 음식과 2차로 준비된 주과(酒果)에 이야기꽃을 피우며 밤잠을 설쳤다.

나는 이런 분위기가 흥겨워 조금 과음했다. 그러나 서울과는 달리 여기에서는 공기가 맑아서 숙취가 없다. 아쉬운 점은 자식들이 함께하지 않아서, 이런 전통이 전승(傳承)될 지는 의문이 든다. 그러나 장손(長孫)인 아들과 그 4촌 형제들은 그들의 시대에 맞는 성묘 풍습을 개발해서 일을 처리하리라 믿는다. 성인도 시속(時俗)을 따르는 법이니까.

11월에 있었던 또 한 번의 고향 방문길은 큰댁 장조카(淵國)의 문상(問喪)길이었다. 망인(亡人)은 평생 고향을 지키며 울진군 농촌지도소장으로 정년을 마쳤다. 퇴임 후에는 서예(書藝)를 연마하며 울진향교의 전교(典校: 향교의 대표자)와 강릉 최씨를 비롯한 울진 거주 모든 최씨 연합 회장 등도 역임한 지역 유지이자, 우리 문중의 대표이기도 하였다.

나와 망인과는 이미 당내(堂內)를 넘어선 9촌간이다. 어떤 이는 5촌이 넘는 사이거나, 나이가 일흔을 넘으면 문상을 다니지 않는다고도 한다. 그러나 나는 어릴 적에 한 동네에서 형님처럼 여기며 자랐고, 나이 들어서는 장질(長姪)이 우리 집안의 대표격이었다. 나도 이제 종심(從心)을 넘어 차석(次席)의 문장(門長)이 되었으니, 길이 멀어도 조문(弔問)을 하지 않을 수가 없었다. 종형(從兄: 4촌형)이 서울에 살아 계시지만 연치(年齒)가 높아 장거리 여행이 어려운 처지이다.

예전에는 집안에 초상이 나면 문장 어른이 호상(護喪)을 맡아서 상례를 총괄 지휘하였다. 그러나 지금은 집에서 장례를 치르지 않는 데다가, 전문 장례시장에서 장의사나 그 직원이 실무를 다 알아서 일을 처리해 주므로, 집안의 어른이라 하더라도 이래라 저래라 할 처지가 못 된다. 그래서 집안의 어른에게도 이제는 장례 절차에 대해 상주가 묻지도 않고, 또 묻지 않는 일에 간여하지도 않는다.

더구나 내가 상가에 도착한 것은 별세한 다음날이었다. 망자(亡者)는 이미 북두칠성이 새겨진 칠성판(七星板)에 누워 입관(入棺)을 마친 상태였다.

나는 빈소에서 향을 사르고 술 한 잔을 올리며 마음속으로 기도하였다. 이 세상에서 허락된 시간을 다 썼으니, 시간의 고향인 북두칠성으로 돌아가, 시간을 잘 충전해서 새 세상에 다시 나기를 빌어 주었다.

사흘째 되는 날 아침에 발인(發靷) 예식에 참배하였다. 하루 전날 미리 답사했던 장지에는 따라가지 않고, 서울로 가는 시외버스에 올랐다. 유리창 밖으로는 흐린 하늘 아래로 만추(晩秋)의 풍광이 조금 쓸쓸히 흐르고 있었다.

# 2.

# 봄날의 호수공원

# 자비(慈悲)의 희년(禧年)

희년(禧年)이라는 말은 '축복의 해[禧=복 희]'라는 뜻으로, 가톨릭 교회가 정하는 성화(聖化: Jubilee of Mercy)의 해를 말한다. 여기서 Jubillee라는 용어는 희년을 선포하기 위해 사제가 불었던 '숫양의 뿔나팔'을 뜻하는 히브리 말에서 유래하였다.

희년은 정기 희년과 특별 희년으로 구분된다. 정기 희년은 7년 주기의 안식년이 7번 지나가면 49년이 되는데, 그 다음 50번째 해를 희년으로 삼는 것을 말한다. 유대인들은 이 희년을 맞아 노예를 해방하거나 빚을 탕감하는 등의 자비를 베풀었던 것이 그 유래다. 그러다가 15세기에 와서 희년의 주기를 25년으로 단축하여, 모든 사람이 일생에 한 번 이상 정기 희년을 지낼 수 있도록 완화하였다고 한다.

특별 희년은 교황이 특별한 의미를 부여하여 선포한 해를 말한다. 20세기에 들어와서 원죄 없이 잉태되신 복된 '성 마리아 교리'

선포 50주년을 기념하여 1904년에 특별 희년을 지냈다. 또 1974년에는 교황 바오로 6세에 의해 화해와 평화와 사회 정의를 위한 특별 성년(聖年)이 선포되기도 하였다.

이번에 프란치스코 교황이 선포한 '자비의 희년'은 지난 세기에 큰 혁신이 이루어졌던 '제2차 바티칸 공의회' 폐막 50주년을 기념하여 선포한 특별 희년이다. 이 특별 희년의 기간은 2015년 12월 8일(성모 마리아 대축일)부터 2016년 11월 20일(그리스도 왕 대축일)까지다.

특별히 '자비의 희년(The Year of Mercy)'이라고 한 것은 모든 이들이 하느님의 자비를 체험하고 실천하도록 권고하기 위함이다. 교황께서는 "자비는 하느님의 심장이다."라고 말씀하셨으며, 칙서 「자비의 얼굴」에서는 "자비란 모든 것을 이겨내는 힘이며, 마음을 사랑으로 가득 채워주고, 용서를 통해 위로를 가져다준다."고 설명한다. 이번 희년에 특별히 돌봄을 받아야 할 사람들은 낙태를 경험한 여성들이다. 그뿐만 아니라 병자와 장애인도 대상으로 언급하셨다.

한국 교회로서는 2016년이 병인박해(1866년, 고종3년)의 엄청난 고난이 시작된 지 150주년이 되는 해이기도 하다. 서울대교구 염수정 안드레아 추기경은 올해 신년사에서, '우리 신앙의 선조들이 하느님의 자비와 사랑을 체험하고, 목숨을 바쳐 신앙을 증거하였음을 기억'하며, 또한 '하느님 구원의 은총이 우리나라 방방곡곡에 가득히 내리기를 기도 드립니다'라고 말씀하였다.

우리 모두는 이 '자비의 희년'의 뜻을 올바로 이해하고 사랑을 실천함으로써, 모든 이에게 하느님의 자비의 은총이 내리는 해가 되기를 기원해 본다.

# 봄날의 호수공원

봄이 오면 언제나 화사하게 피어나는 벚꽃이 올해에도 꽃샘추위를 이겨내고 활짝 피었다가, 바람 한줄기에 꽃비가 되어 휘날린다. 호숫가 산책길에 함께 나선 어떤 여인은 "벚꽃은 필 때보다 질 때가 더 아름답다."고 말한다.

이날 우리 문화답사반 일행은 수원에 있는 광교(光教)호수를 찾았다. 이 광교호수는 지난날의 원천(遠川: 먼내)저수지와 신대(新垈: 새터)저수지를 합쳐서 부르는 이름이다. 광교 신도시라는 이름도 인근의 광교산(光教山: 빛의 가르침)에서 유래한다.

이 광교호수의 물은 한남정맥(漢南正脈)에 막혀 한강으로 합류하지 못하고, 진위천을 거쳐 아산만으로 흘러간다. 산은 물을 건너지 못하고, 물은 산을 넘지 못하기 때문이다. 한남정맥이란 백두대간(白頭大幹)의 속리산에서 갈라진 한남금북정맥의 끝인 안성의 칠장산(七長山)에서 시작하여, 한강 남쪽의 경기도 서북 방향으로 뻗어나가 김포의 문수산(文殊山)에 이르는 산줄기 이름이다.

이런 설명을 들으면서 우리 일행은 호수 주변의 꽃길을 천천히 걸었다. 서울의 벚꽃은 대부분 지고 말았는데, 약간 응달진 호숫가의 벚꽃은 지금이 한창이다. 이 벚꽃은 한국이 원산지인데, 일제 강점기에 많이 심어진 탓에 일본의 꽃으로 잘못 아는 사람이 많다. 또 벚꽃은 매화와 함께 장미과에 속한다고 한다.

호숫가 벤치에 앉아 잠시 쉬고 있을 때, 옆에 앉은 여인이 집에서 준비해온 따뜻한 생강차를 건네주었다. 누구인지는 알 수 없으나, 그 정성과 배려에 고마움을 느낀다. 여행에서는 앉은 자리가 행운을 주기도 하는 법이다.

신대저수지에서 원천저수지로 넘어가는 언덕길은 붉고 화려한 꽃길이었다. 또 다른 여인이 자기는 진달래보다 '연산홍'을 좋아한다며, 감탄사를 연발하고 있었다. 나는 '산을 붉게 물들여 비추어 주는 꽃'의 이름은 영산홍(映山紅)이라 슬며시 귀띔해 주면서 조금 아는 체했다. 그이는 자기가 좋아하는 꽃의 이름을 오늘에야 한자로 정확하게 알게 되어 감사하다는 말을 해주었다. 심심한 산책길에서는 모르는 사람과의 허튼소리도 가끔 쓰임새가 있는 모양이다.

연결된 두 곳곳의 호수를 다 돌아보고 나니, 약 1만 5천보 가량 걸은 셈이어서 출출해지기 시작했다. 전철로는 신분당선 상현역에서 시작하여 겨우 한 정거장 거리인 광교중앙역에 도착한 셈이다. 가까운 식당에 들어가서 모처럼 맛보는 우럭생선탕에 막걸리 한 잔 걸치고 나니, 피로가 풀리는 듯하였다.

이제 이 '빛나는 가르침[光敎]'이 있는 곳에서 서울 강남의 시니어들이 봄의 풍광을 함께 즐겼으니 감사할 일이다. 그러나 시니어들도 나이 들어가면서 '틀린 것을 바로 잡는 일[匡矯]'에 대하여도 가끔 살펴볼 일이라 여긴다.

(2018.4.12)

# 시인의 가을

고은(高銀) 시인은 "여름은 소설이고 가을은 시다."라고 말했다. 그는 이미 1970년대에 가수 박인희가 부른 「가을 편지」라는 노래로 널리 알려진 그의 시에서, 3개 연에 모두 낙엽을 언급하면서 이 노래의 상징으로 삼았다. 그는 스스로를 낙엽 숭배론자라고 말하며, 낙엽을 머리에 쓰고 이 세상에 왔다고도 했다.

그러나 이 가을 편지라는 시는 그가 술에 취해 있을 때 옆에서 꾀어서 쓴 것이이라는 고백을 하기도 하였다.(중앙일보 2014.11.19) 그러면서 그는 '내 문학의 주제는 죽은 이들에 대한 애도(哀悼)이며, 이 애도는 인간이 가질 수 있는 최고의 가치'라고 말한 프랑스 철학자 '자크 데리다'의 말을 인용하였다.

이와 같이 고은 시인은 젊은 시절부터 가을을 시와 낙엽에 연결시키면서, 술을 마시는 것을 숨기지 않았다. 이 세상에서 풍류를 알고, '나만의 나'로 살아가려면 술을 사랑할 줄 알아야 한다고 말한다.

술이 최고의 종교이고 어느 경지에 오른 도인(道人)의 초상(肖像)은 대개 술 취한 상태로 그려진다. 그래서 그에게는 늘 술 향기가 나며, 심지어 뒷춤에 술병을 감춰서 가지고 다니기도 한다고 한다. 술을 연인처럼 아끼고 진심으로 사랑하면 술은 그 사람을 배신하지 않는다.

시인 예이츠는 "술은 입으로 들어오고, 사랑은 눈으로 들어온다."고 하였다. 구상(具常) 시인도 마지막 병상에 누웠을 때, 간병인이 지금 가장 하고 싶은 일을 물으니까, 선생은 술잔을 입으로 가져가는 시늉을 했다고 한다.

아무튼 고은 시인은 스스로를 가을을 좋아하는 시인이요 낙엽 숭배론자임을 고백하였다. 그것은 우리 인간 모두가 이백(李白)이 말한 대로 길 위에 있는 과객(過客)이므로, 언젠가는 왔던 곳으로 돌아가야 하는 낙엽귀근(落葉歸根)의 이치를 깨달아야만 진실한 나만의 삶을 살 수 있기 때문이라고 말한다.

나도 언젠가는 저 서쪽에 있는 희미한 영혼의 고향으로 돌아갈 것이다. 그곳이 내 이름자에 들어있는 규성(奎星)이라면, 그곳은 지구에 가장 가까운 은하(銀河)인 안드로메다일 것이다. 마침 고은 시인의 고향도 그곳이라고 하니, 이 가을 낙엽이 다 지기 전에 감히 한잔 취흥에 젖어보아도 무방하리라 여긴다.

# 매미 노래에 잠 깨어

후덥지근한 열대야(熱帶夜)가 닷새째 계속된 중복(中伏)날 새벽 다섯 시에 잠에서 깼다. 시끄러운 매미들의 합창 때문이다. 게다가 부지런한 위층 사람들도 벌써 일어나 쿵쿵거리며 거실을 돌아다니는 발소리까지 합세한다. 더 이상 누워있을 수 없어 일어나 온도계를 보니 27℃를 가리킨다.

매미들의 합창 소리에는 참매미와 말매미의 것이 섞여있는 듯하다. 새벽이슬로 갈증을 달랬으니, 누가 더 큰소리로 노래하나 겨루는 모양이다. 아니면 매미도 너무 더워서 아우성치는지도 모르겠다.

올해의 이 지독한 무더위는 전세계적으로 현대 기상관측 기록이 남아있는 1880년 이후 136년 만에 가장 더운 것이고, 지난 6월의 세계 평균기온은 16.4℃로서 역대 최고의 6월 기록이라고 한다.(조선일보 2016.7.22)

우리나라의 경우에도 5월 평균기온이 18.6℃로서, 기상청이 전국적인 기상관측망을 확충한 이래 43년 만에 가장 더웠다는 발표도 있었다.(중앙일보 2016.6.2) 이런 소식이 더위를 가중시키는 듯하다.

이러한 이상기후의 원인인 엘니뇨(El Nino) 현상은 적도 부근의 바다가 더워져서, 그 영향으로 기온 상승이 지속되는 현상을 가리킨다고 한다. 더구나 올해에 찾아온 '수퍼 엘니뇨'는 역사상 두 번째로 강력한 것이어서, 북극의 빙하를 녹이고 지구촌 곳곳에 한발(旱魃)과 폭염(暴炎) 등 기상이변을 일으키고 있다고 한다.

이 강력해진 더위를 극복하는 좋은 방법 가운데 하나는 재미있으면서 보람 있는 일에 몰두(沒頭)하는 것이다. 그것이 아니면 매미에게 5덕(五德)을 배워 실천하는 것일 수도 있다.

나는 먼저 꼭 필요하지만 더위를 빌미로 차일피일 미루고 있던 일을 해치우기로 했다. 아내가 외출한 틈을 타서 거실을 독차지하고는 선풍기와 냉방기를 함께 켜서 실내 온도를 낮추었다. 그리고는 서재 한 구석에 상자에 담아 쌓아두었던 신문 스크랩 뭉치와 미분류 자료 상자를 들고 나와, 필요한 것을 골라내고 재분류 정리하였다. 오래 버르던 일이었다.

2시간이나 후딱 지나갔지만 더운 줄 몰랐다. 이때 기존 자료의 절반은 버린다는 원칙을 지켰다. 그러고 나니 가슴이 조금 시원해졌다.

일을 마치고 나니 오후 다섯 시가 되었다. 그런데 극성맞던 매미들이 조용해졌다. 역시 5덕을 아는 영물(靈物)의 모습이다. 자료를 찾아 옛 사람들이 말한 매미의 다섯 가지 덕성(德性)을 다시 음미해 보았다.

첫째, 문덕(文德)은 매미의 머리 모양이 선비의 의관을 닮았다고 해서 선비의 덕이라 하고,

둘째, 청덕(淸德)은 매미는 아침 이슬만 먹고 살아가니 맑고 깨끗한 덕을 지녔으며,

셋째, 겸덕(謙德)은 농부가 가꾸는 채소나 곡식을 먹지 않는 겸손함을 지녔고,

넷째, 검덕(儉德)은 짐승이나 다른 벌레와는 달리 자기가 살 집을 짓지 않는 검소함을 갖추었으며,

다섯째, 신덕(信德)은 여름철에 때맞추어 왔다가 가을이 되면 때를 보아 떠날 줄 아니 믿음까지 갖추었다고 한다.

옛날 임금님이 곤룡포(袞龍袍)를 입고 나랏일을 볼 때 쓰던 익선관(翼善冠)에 매미의 날개를 본뜬 비단 깃을 달았던 연유를 이제 알겠다.

# 소녀의 보은

지난겨울 전철 안에서 겪은 일이다. 이제는 경로석 표시가 된 위치에서 타는 것이 자연스러워지고 있는데, 마침 빈자리가 하나 남아 있었다.

그런데 체격이 큰 사람이 두터운 방한복을 입고 앉아 있어서 그 사이에 끼어 앉기가 민망하여 그냥 서 있기로 하였다. 전철 안에서 손잡이를 잡지 않고 두 발로만 균형을 유지하며 버티고 서 있으면 약간의 운동효과를 볼 수 있다는 말을 떠올렸기 때문이기도 하지만, 추운 날씨 핑계로 실외 운동을 게을리 한데 대한 변명이기도 하다.

두 정류장을 지나자 한 사람이 내렸다. 그제서야 나도 넉넉히 가장 자리에 앉았는데, 그 좁은 사이를 비집고 다른 사람이 더 앉는다. 모두 두꺼운 옷을 입은 탓으로 비좁아서 불편했지만, 그렇다고 먼저 가장자리를 차지한 내가 다시 일어설 처지도 아니어서 모른 체하고 참고 있었다.

몇 정류장 더 갔을 때의 일이다. 젊은 애기 엄마가 서너 살 된 남자 아기는 안고, 종이가방을 든 예닐곱 살 된 여자아이의 손은 잡고 들어섰다. 나는 세 정류장만 더 가면 내릴 참이므로 얼른 일어나 자리를 양보하였다. 맞은편 신사도 자리를 양보할 요량으로 일어서려다가 나와 눈이 마주치고는 한발 늦었다는 듯 빙그레 웃으며 다시 앉는 모습이 보였다.

나는 출입문 쪽으로 비켜 서 있는데, 옆에 선 어린 소녀가 손잡이에 매달려보고 싶어서 안달을 했다. 그 모습이 귀여워 나는 그 아이를 안아 올려 두 손으로 매달릴 수 있게 해주었다. 소녀는 해맑은 웃음으로 고마움을 표현해 주었고, 장난기 어린 그 아이의 모습에 나도 기분이 좋아졌다.

잠시 뒤에 매달리기를 마친 소녀가 엄마에게 맡겨두었던 종이가방에서 무엇인가를 꺼내더니 나에게 하나를 내밀었다. 딱딱한 빵을 자른 것 같은 길다란 과자인데, 내가 사양하니까 손을 잡아 끌며 쥐어주려고 했다.

"할아버지는 지금 맛있는 저녁 식사를 하러 가는 길이어서 이 과자는 안 먹도 되니, 네가 먹으렴." 하고 말해주었으나, 그 소녀는 막무가내로 내 손에 쥐어주고 나서야 물러났다. 더 이상 거절할 수 없어 받은 그 과자를 한참 바라보다가, 들고 내리기도 어색하여 하는 수 없이 입에 넣었다. 그 과자는 부드럽고도 달콤하였다.

다음 정류장에서 내려 모임 장소로 가면서 다시 생각해보니, 추운 날씨임에도 입가에 엷은 미소가 절로 배어 나왔다. 나는 잠든 아이를 안고 전철에 오른 젊은 엄마에게 자리를 양보한 작은 선행으로 스스로 흐뭇해하고 있었는데, 그 어린 소녀가 즉시 아끼던 과자로 보은(報恩)을 베풀어 주었으니, 그 마음 또한 얼마나 예쁜가!

이 세상살이에서 작은 배려를 서로 나누는 것이 삶을 부드럽게 할 수 있다는 것을 그 소녀는 벌써 알고 있는 것 같았다. 그렇다면 그 소녀는 벌써 성공적인 인생을 시작한 것이 아닐까.

그날 저녁 친구들과의 술자리에서 나는 이 얘기를 하지는 않았지만, 괜히 술 맛이 더 좋은 것 같아서 몇 잔 더 마시고 말았다. 기분이 좋으면 술 맛도 좋아진다는 것은 틀림없는 말인가 보다. 새해 벽두에 겪은 기분 좋은 에피소드가 되었다.

# 뜨거웠던 여름의 흔적

지난여름은 매우 뜨겁고 가뭄도 심했다. 한반도의 기후가 아열대성으로 변해간다는 말을 실감할 만큼 더위가 기승을 부렸지만, 태풍도 비껴가서 큰 비가 내리지 않아 가뭄까지 겹친 때문이다. 이웃 일본의 경우에도 기상관측 140년 이래 가장 더웠다는 소식이 전해졌다.

금년 강수량은 지난 30년 평균에 비해 전국적으로는 64%수준이고, 경인지역은 예년의 절반에도 못 미치는 43%에 불과하였다고 한다. 이러한 가뭄의 원인을 두고는 지구온난화에 의한 엘니뇨 때문이라는 설명이 유력하나, 학자들의 견해가 일치하지는 않는 모양이다.

지난여름이 왜 더웠는지, 어째서 가뭄이 심했는지는 확실히 모르겠으나, 나에게는 분명한 후유증이 몇 가지 나타났다. 담당 주치의와 단골 약사가 분석한 것이지만, 내가 생각해도 대체로 맞는 말인 듯하다.

먼저 10년 가까이 나를 관찰해온 주치의는 초가을에 접어든 정기 검진에서 건강 지표 수치들이 다소 나빠진 것을 두고, 그럴듯한 해석을 하였다. 당신의 행색(行色)을 살펴보면 직접 보지 않았어도 다 알만하다는 투다.

첫째, 금년 여름은 햇볕이 좋았고 비바람도 없어서, 모든 과일이 잘 익은 데다가 수량도 풍년이고, 당도는 높으면서도 가격은 싼 편이어서, 그것이 대사증후군 환자들에게는 나쁜 유혹이 되었을 것이라고 말하였다. 품질이 좋고 값은 싸니 자주 먹게 되는 것은 당연한 일이다.

두 번째는 너무 더워서 운동하기가 힘드니까, 더위를 핑계 삼아 규칙적인 운동을 게을리 하기가 쉬웠다는 예단을 하였다. 이것도 맞는 말이다.

세 번째 분석이 걸작이다. 날씨야 덥거나 말거나, 즐겁게 할 일이 있고 만나서 즐거운 벗이 여럿 있으면, 밥맛 술맛은 언제나 좋기 마련이다. 날씨가 좋으면 놀러 다니기에 더 좋은 것은 당연하고, 전력난이 없어 절전 캠페인도 시들하였으니 에어컨 사용에도 제약이 없었고.

사리가 이러한데 이 무더위를 겪고도 안색이 좋고 체중이 줄지 않은 것을 보니, '당신은 이 세 가지에 모두 해당될 것'이라고 자신 있게 진단하였다. 오래 나를 관찰해온 이 의사는 나이도 비슷한 데다가 종교도 같아서, 바쁜 진찰 시간에도 짧은 농담을 나누는 사이인데, 나는 반박할 말을 찾지 못했다.

나는 허탈하게 웃으며 지난번과 다르지 않은 처방전을 들고 병원을 나왔다. 다음 겨울철 정기 진찰 때에는 바이탈 싸인이 좋아졌다는 말을 들어야겠다는 다짐을 마음속으로만 하였다.

동네 단골 약국에 가서 처방전을 내밀었더니, 그 약사가 또 빈정거렸다. 규칙적으로 운동하고 술과 탄수화물의 섭취를 줄여서, 몸무게와 허리둘레를 5~10%만 줄이면 이런 약 따위는 안 먹어도 된다고 몇 번이나 말했는데, 아직도 그것을 실천하지 못하느냐고 핀잔이다.

이 약사는 나이가 나보다 한참 아래이지만 20년이 넘도록 얼굴을 익혀온 데다가, 동네의 다른 사람들에게도 이런 도타운 충고를 자주하는 편이다. 그러나 그 잔소리를 또 들으니 내 마음은 그만 허우룩해졌다.

약방을 나와 집으로 가는 언덕길을 오르면서 생각하니, 조금 서글픈 느낌도 들었다. 자기 관리에 엄격하지 못한 내 자신에 대한 반성과 함께, 남은 세월도 이런 수준의 잔소리를 들으며 살아야 하는가에 대한 회의도 생겨났다.

그러다가 이내 생각을 바로 잡았다. 이럭저럭 살면서 즐겁게 이 한세상 소풍을 끝내면 되는 것이 아니겠나 하고 자위해 본다. 치명적인 결함도 아닌 것을 가지고 흥겨운 술 끊으랴 땀 흘려 운동하랴 자신을 닦달하면서 고단하게 살 용기도 없고, 그렇게 아등바등 하고 싶지도 않은 본래의 자아를 발견하고는 훌훌 털어버리고 웃어넘기기로 했다.

이제 나의 희년(稀年)인 이 해도 거의 지나가려 하니, 마음 편한 대로 그렇게 살아보는 거지 뭐 그러나 싶다. 그리고 인생을 악착같이 산다 한들 이제 뭐가 더 좋아지랴 싶은 자위감(自慰感)이 슬그머니 밀려드는 소슬한 초가을이 이제 깊어가고 있다.

(2015.9.25)

# 선하지 않은 가을

시월이 시나브로 깊어가고 있다. 서리가 내린다는 상강(霜降: 10월 24일)이 지나고 핼러윈(Halloween)이 코앞에 다가와 있다. 이용이 노래한 '잊혀진 계절'에서 시월의 마지막 밤이 애수에 젖어 흘러나올 참이다. 그런데도 나는 금년에 아직 가을다운 가을을 느껴보지 못한 채로 이 한 해가 이슥해지고 있다고 생각하니 가슴이 조금 답답해졌다.

예전에는 청량한 날씨와 풍성한 수확의 계절이 가을인 줄 알았다. 절기(節氣)상의 가을이 시작된다는 입추(立秋: 8월 8일)야 아직 한여름이지만, 한 달이 더 지나서 찬이슬이 맺힌다는 백로(白露: 9월 8일) 즈음부터는 아침저녁으로 서늘한 기운이 감돌기 시작하는 것이 정상이었다. 그러나 올해는 가을이 무르익어야 할 10월 중순이 되었어도 나에게는 본래의 '착한 가을'답지 않게 느껴졌다. 그 이유를 헤아려 보니 꽤 여럿이다.

우선 늦더위와 가뭄이 계속되기 때문이다. 지구온난화로 낮에는 상당히 덥다가 밤이 되면 기온 차이가 10도 이상 내려가는 큰 일교차를 보인다. 그러니 옷 입기가 까다롭고 건강관리도 상당히 조심스럽다. 나는 가벼운 감기를 겪었다.

또 오랫동안 비가 내리지 않아 대기와 대지가 모두 건조하다. 중부지방에서는 식수난까지 겪고 있다. 기상청 발표를 보면 최근 3개월(8~10월)의 평균기온이 예년보다 높았으며, 강수량은 평년의 45% 수준에 불과했다고 한다. 사태가 심각해지니 4대강 지류(支流) 정비사업과 소규모 댐 건설을 서둘러야 한다는 주장이 힘을 얻고 있다.

그리고 불청객인 모기가 극성이다. 옛말에는 처서(處暑: 8월 23일)가 지나면 모기 입이 삐뚤어진다 하더니, 두 달이 더 지난 상강이 되었어도 모기의 입은 똑바로 붙어있을 뿐만 아니라 지독하기까지 하다. 서식지인 하수구가 큰 비에 씻겨 나가지 않았고 기온은 모기살기에 좋은데다가, 방역 당국의 게으름까지 겹친 탓이라 한다.

올해 가을에는 미세먼지도 다른 해보다 심했다. 고농도 미세먼지의 대부분은 중국에서 유입된 오염물질에다 국내에서 발생한 매연 등이 주된 원인이라고 한다. 더구나 비바람이 없어 대기가 정체되어 먼지가 한반도 밖으로 빠져나가지 못해 생긴 현상으로 분석된다.

이와 같은 여러 가지 가을답지 않은 자연 현상에다가 정치·경제·사회 각 분야의 혼탁상까지 겹치니, 더 짜증나는 가을이 되고 있다. 예를 들면, 국가적으로 시급하다는 4대 개혁과제들은 여의도 하류의 쓰레기더미에 묻혀있고, 미래 세대에게 올바른 역사를 가르치자는 목소리는 당리당략을 앞세운 정치꾼들의 소음에 묻혀 소란스러울 뿐이다.

이제 나는 가을다운 가을을 누리고 싶어 엉뚱한 소망을 해본다. 우선 저 동북쪽 간방(艮方)에서 시원한 바람이 불어와, 이 땅의 시야를 가리고 있는 먼지와 땅바닥을 덮은 쓰레기를 싹 쓸어가 주었으면 한다. 아니면 추수도 대강 끝이 났으니 비바람을 동반한 적당한 태풍이 한반도까지 올라와, 이 산하를 깨끗이 청소하고 지나가 주면 매우 좋겠다.

그리고 이 가을을 제대로 누리고 난 다음에는 겨울다운 겨울이 무서운 동장군을 앞세우고 와서 대지를 한번 꽁꽁 얼리고 모두 잠들게 하였다가, 내년 봄에는 깊이 반성하여 참신해진 것들만 새로 소생시키면 좋겠다. 그래서 궁즉변(窮卽變)하고, 변즉통(變卽通)하며, 통즉생(通卽生)하는 개벽(開闢)의 새 기운이 이 나라를 미래지향적으로 변모시켜주면 얼마나 좋을까 하고 상상해본다.

이런 상념에 젖어있는데, 시월 하순 무렵에 한줄기 가을비가 스쳐 지나가더니, 이내 맑은 하늘이 드러났다. 자연은 때가 되면 저절로 그렇게 되는 것을 괜히 혼자서 애면글면한 꼴이다. 느긋하게 기다릴 줄 아는 것이 자연과 더불어 살아는 이치인 것을 아직도 덜 깨우친 탓이다.

이런 참에 금강산에서는 그동안 애태우며 살아온 남북 이산가족들의 만남이 이루어져 눈물바다다. 그 가운데에는 열아홉 색시와 열일곱 신랑으로 혼인해서 여섯 달을 같이 살고는 헤어졌던 부부가 65년 만에 65세 된 아들과 함께 다붓하게 만나는 장면을 보며 나도 가슴이 찡해진다. 가혹한 전쟁의 상처를 이겨내며 저렇게 살아온 인생도 이 땅에는 흔한데, 금년 가을 날씨쯤이야 아무러면 어떠랴 하고 마음을 고쳐먹으니, 허전했던 마음이 절로 달래졌다.

지난날 도종환 시인은 "쓸쓸해지면 마음이 선해진다는 걸 나도 알고 가을도 알고 있었다."고 읊었는데, 혹시 내가 이 희년(稀年)을 보내면서 가을을 타고 있었던 것은 아닌지 모르겠다.

(2015)

# 꽃 필 때 바람 많고

오월은 연두색 새잎이 초록색으로 짙어지면서 언제나 상큼하게 다가와 계절의 여왕이라는 칭호를 얻었다. 또 오월은 다양한 가족 관계 기념일이 몰려있는 '가정의 달'이기도 하다.

어린이날과 어버이날은 3일 간격으로 가까이 붙어있다. 세종대왕의 탄신일로 정한 스승의 날 15일은 유엔이 정한 가정의 날이기도 하다. 또 21일은 둘이 하나 되는 부부의 날이다.

게다가 금년(2016) 오월의 첫 주말은 경기진작을 위해 인위적으로 4일간의 황금연휴가 되기도 하였다.

그러나 5월이 시작되자 갑자기 매우 강한 비바람이 몰아쳤다. 가로수가 넘어지고 농촌에서는 비닐하우스가 찢겨 날아갔다. 언론에서는 초속 30미터에 가까운 '태풍급 강풍'이 몰아쳤다고 표현하였다. 이러한 기상이변도 인간의 욕심이 만든 지구온난화 때문이라 한다.

기상청의 설명에 의하면, 열대지방의 바닷물이 따뜻해지는 엘니뇨현상 때문에 열대고기압이 예년보다 일찍 발달하면서 북쪽으로 확장하는 가운데, 북극지방에 머물러야 할 찬 공기(저기압)는 남쪽으로 밀려 내려오다가, 한반도 상공에서 서로 부딪쳐서 급격한 대류(對流) 현상을 일으킨 것이 이번 강풍의 원인이라고 한다.

5월의 폭풍우에 대한 과학적 설명이야 어떻든, 나는 좋은 때일수록 그 뒷면도 생각해보라는 경고로 여기고 싶다. 그래서 옛 시인 우무릉(于武陵: 810~?/唐)은 이렇게 읊었다.

꽃 필 때면 으레 비바람 많고 (花發多風雨)
인생에는 원래 이별이 많다오 (人生足別離)

좋은 계절에도 비 오는 날을 생각해야 한다는 말이다. 또 살면서 겪는 이별 가운데 가장 가슴 아픈 것은 부모가 저 세상으로 떠나는 영원한 헤어짐이다.

젊은이들에게 부담스럽다는 '어버이날'은 살아계신 부모를 생각하는 날이지만, 나이든 이들에게는 저 세상으로 떠난 부모를 회상해보는 날이기도 하다.

우리 부부도 양가 부모님이 저 세상으로 가신 지 오래다. 그래서 어버이날을 맞으니 다시 그분들이 그립다. 살아계실 때 못다

한 효도가 이제 와서 후회되지만 소용이 없다. 그래서 풍수지탄(風樹之嘆)이라는 말이 예부터 있어왔다. 시경(詩經)의 해설서인 한시외전(漢詩外傳)에 나오는 말이다.

나무는 가만히 있으려 하나 바람이 그치지 않고 (樹欲靜而風不止)
자식이 봉양하려 하나 어버이는 기다려주지 않네 (子欲養而親不待)
흘러가면 붙잡을 수 없는 것이 세월이요 (往而不可追年也)
가시면 다시 뵈올 수 없는 것이 어버이인 것을 (去而不見者親也)

결국 인생살이는 좋은 시절일 때에 미리 비바람 부는 날이 있을 것을 생각해야 하고, 부모가 살아 계실 때에 할 수 있는 만큼 효도를 다해야 후회가 덜하다는 말이다.

비바람 지나간 뒤의 화창한 오월을 보내며, 멀리 떨어져 사는 자식들의 모습과 손주들의 재롱을 그려본다. 돌아가신 부모님도 회상하며 풍목지비(風木之悲)라는 말도 찾아보았다.

이 좋은 오월도 이렇게 흘러가고 있음을 문득 깨닫고 보니, 역시 세월은 무상한 것인가 보다.

# 벚꽃 길을 걸으며

목련 강 장미과에 속하는 벚꽃이 올해에는 미세먼지와 늦추위에 시달리다가, 다른 해보다 조금 늦게 활짝 피어났다. 그러나 나에게는 운 좋게도 여러 차례 화사한 벚꽃 탐방 기회가 찾아왔다.

첫 번째는 4월 5일 청명(淸明) 날에 동작동 현충원의 벚꽃을 찾았다. 늦추위 때문이었는지 수양(垂楊) 벚꽃도 이제 막 피어나기 시작하고 있었다. 지난달 하순에 일본 나가사끼[長崎]에서 보았던 벚꽃보다 거의 열흘이나 차이가 났다.

나를 포함한 우리 문화답사반 일행은 이곳의 벚꽃을 둘러보면서, 네 분의 전직 대통령 묘역도 모두 찾아보았다. 그 가운데 특히 박정희 대통령 내외분 묘소 아래에 있는 산(山)목련이 봉오리가 작고 가녀린 모습으로 피어나고 있었다. 이 목련은 육영수 여사의 옥천 생가의 것을 옮겨 심은 것이라는 설명을 들으며, 그 하얀 목련 송이에는 박근혜 전 대통령의 옥중(獄中) 아픔도 겹쳐지는 듯했다.

4월 10일에는 남쪽 김제평야 일대를 들러 보면서 상춘(賞春)을 즐겼다. 이곳은 모악산 벚꽃축제가 유명하지만, 우리는 일망무제(一望無際)의 지평선 '징게 맹게(김제 만경)의 외배미들'에 들어서서 지평선을 바라보니 가슴이 시원해졌다.('배미'는 구획된 논을 세는 단위인데, '외배미'는 지평선까지가 모두 한 배미라는 뜻이다.)

먼저 성모암(聖母庵)에 들러 진묵선사(震默禪師)의 일화를 들으며, 그 어머니의 묘소도 둘러보았다. 그는 불심과 효심이 다르지 않다는 신념으로 출가한 뒤에도 사가의 어머니와 여동생까지 잘 보살핀 일화로 유명하다. 또한 조사전(祖師殿) 네 기둥에 주련(柱聯)으로 걸려 있는 선시(禪詩)의 풍류와 그 기개를 음미하였다.

天衾地席山爲枕(천금지석산위침)
月燭雲屛海作樽(월촉운병해작준)
大醉居然仍起舞(대취거연잉기무)
却嫌長袖掛崑崙(각혐장수괘곤륜)

하늘을 이불삼고 땅을 자리 삼아 산을 베고 누우니
달이 등불이고 구름이 병풍 되니 바다는 술통이로다
실컷 취했다가 비틀비틀 일어나 춤을 추려니
어허 긴 소매 자락이 곤륜산에 걸릴까 걱정되는구나

이런 일화도 전해 온다. 바다 가까이에 있는 망해사(望海寺)에 들른 진묵선사가 마침 굴을 캐서 먹고 있었는데, 지나가던 사람이 "스님이 굴을 먹어도 되느냐"고 물었다. 선사께서는 "이것은 (육류성인) 굴이 아니고, (식물성에 가까운) 석화(石花)"라고 대답하였다는 일화가 전해온다. 스님들은 술도 곡차(穀茶)라고 해야 조금 마신다는 설명도 있다.

우리 일행은 조금 늦은 시간에 만경강과 동진강이 서해와 만나는 지점에 있는 심포항에서 점심을 먹었다. 예전에는 이 일대의 갯벌에서 나는 조개류의 집산지로서 꽤 컸던 포구였지만, 지금은 새만금 간척지 조성으로 명맥만 유지하고 있다고 한다. 그래도 전통을 이어온다는 식당에서 '석화'를 포함한 어패류와 싱싱한 회를 안주 삼아 '곡차'를 즐긴 후에 서울로 돌아왔다.

이튿날(4월 11일)에는 석촌호수의 벚꽃 길을 걸으며, 많은 인파와 마주쳤다. 유모차를 밀며 나온 젊은이들과, 많은 외국인들도 자주 눈에 띄었다.

그러다가 병자호란(丙子胡亂: 50일 전쟁)의 치욕이 새겨진 삼전도비(三田渡碑: 대청황제공덕비) 앞에서 그날의 치욕을 되새겨 보며 조금 숙연해졌다. 훗날 우리 선조들은 이 치욕의 비가 부끄러워 두 번이나 땅에 파묻었지만 다시 드러나고 말아서, 이제는 여기에 다시 세워두었으니, 역사의 가르침을 겸허하게 되새겨야 할 것이다.

그러나 지금도 비슷한 시국이 펼쳐지고 있다. 어느 시대나 나라도 자기를 존엄하게 지킬 역량이 없으면 멸시당하는 법이다. 21세기 대한민국에서도 별로 다를 바 없는 모습이 부끄럽고 개탄스럽기도 하다. 정치지도자들이 군군신신(君君臣臣)하지 않기 때문이다.

세 곳의 벚꽃 답사를 마치고 집에 돌아와 뒷동산에 오르니, 그곳에도 근년에 새로 심었던 벚꽃이 아직 고운 자태를 뽐내고 있었다. 언덕 아래 배드민턴 운동장 옆에는 새하얀 자두나무 꽃도 청초한 맵시를 뽐내고 있었다.

그런데 우리 아파트 단지에서는 이제서야 조경수 전지(剪枝) 작업을 한다고 야단법석이다. 전지를 하려면 꽃이 피기 전에 미리 하던지, 아니면 조금 기다렸다가 꽃이 지고 난 다음에 하던지 할 일이 아니던가. 꽃피는 시기를 맞추지 못한 관리소장에게 주민들의 비난이 쏟아졌다.

나는 잘려나간 벚꽃 가지 몇 개를 꺾어 와서 집안 화병에 꽂아두고 꽃을 좋아하는 아내와 함께 가까이에서 감상하였다. 화병의 꽃은 바람 부는 정원의 벚꽃보다는 오래 갔지만, 그 꽃도 결국 지고 말았다. 그러나 꽃이 진다고 서러워 해봐야 소용이 없다는 것을 이제 나도 아는 나이가 되었다. 그리고 봄날은 가고 있다.

(2019.4)

# 3.

## 하와이 바캉스

# 이베리아 반도에 가다

이베리아(Iberia) 반도(半島)는 유럽대륙의 서남부 대서양과 지중해 사이에 있으며, 스페인과 포르투갈이 위치하고 있다. 한반도의 거의 3배 규모(약 59만㎢) 크기이며, 구석기시대부터 크레마뇽인들이 살았던 유서 깊은 땅이기도 하다. 아프리카 대륙과는 좁은 지브롤터 해협을 사이에 두고 있어서, 중세에는 지중해 동쪽의 터키와 함께 이슬람 문명의 지배를 받기도 한 지역이다.

지난해에 우리 부부는 나의 희년(稀年)을 핑계로 이곳을 다녀왔다. 우리는 유럽 지역을 동서남북으로 나누어 여러 번 다녀왔지만, 투우와 플라멩코로 유명한 이베리아 반도를 다녀와야 유럽 여행이 완성된다는 말을 믿고 이곳을 선택했다. 이곳을 추천한 지인은 이동 거리가 길기 때문에 한 살이라도 젊을 때에 꼭 다녀오라고 강조했다.

인천공항에서 중동의 도하(카타르)를 경유하여, 약 17시간의 비행 끝에 첫 기착지인 바르셀로나에 도착하였다. 이곳은 스페인의 동북부로 프랑스와 접경을 이루는 카탈루나의 주도(州都)이다. 언어를 비롯한 문화와 전통이 달라서 스페인으로부터 분리 독립이 추진되지만, 중앙정부가 수용하지 않는다고 한다.

공항에서 나와 먼저 '톱으로 자른 산'이라는 의미의 몬테라트로 이동하였다. 여기서 케이블카를 타고 정상에 올라, 검은 성모마리아상이 잇는 베네딕도 수도원을 찾아갔다. 도중에 그리스도의 수난이라는 조각상을 보면서 땀을 닦으며 잠시 쉬었는데, 아내가 궁체 서예 글씨로 시를 써넣은 휴대용 부채를 그만 성벽 위에 두고 왔다. 나는 더위에 다른 관광객에게 적선한 셈치고 잊어버리기로 했다. 용도를 아는 어떤 외국인이 주워서 잘 사용하기를 바라면서.

다음날에는 스페인이 낳은 천재 건축가인 안토니 가우디(1852~1926)의 최후 작품인 「사그라다 파밀리아 대성당」을 찾았다. 가우디는 건축의 성자(聖者)이면서, 실내 디자인과 장식 조각에 이르기까지 20세기의 독창적 예술가로 추앙 받는다. 평생을 독신으로 지낸 그는 건축예술의 공적을 인정받아, 로마 교황청의 특별한 배려로 성자들만 묻힐 수 있다는 이 파밀리아 성당에 묻힌 것으로도 유명하게 되었다.

이어 바로셀로나의 최대 번화가인 람블라스 거리와 올림픽 경기장을 지나, 구엘공원을 둘러보았다. 지중해가 내려다보이는 몬주익 언덕에서는 우리나라의 황영조 선수가 새겨진 기념비를 찾아보는 것도 한국 사람으로서 감회에 젖게 하였다. 황영조는 88서울올림픽 다음 차례인 1992년 제25회 올림픽이 개최된 이곳 바로셀로나에서 마라톤 금메달을 딴 한국 선수이기 때문이다.

그 다음날에는 발렌시아를 거쳐 남부도시 그라나다에 도착하였다. 한때 스페인을 지배하였던 이슬람교도들이 그리스도 교인들에게 밀려나면서, 최후의 거점으로 삼았던 곳이다. 아프리카와 가까운 지중해변 도시로서 조금 더웠다.

아라비아 말로 '붉은 성'이라는 뜻인 알람브라(Alhambra) 궁전과 정원은 14세기 후반에 완성되었는데, 이슬람 건축의 백미로 꼽힌다. 1984년에 유네스코 세계문화유산에 선정되었다. 어떤 사람은 스페인 여행의 최고 백미라고까지 말하기도 한다. 그러나 나는 한때 남부 유럽과 터키까지 지배했던 이슬람 문명의 화려한 흔적의 하나로 보았다.

그 다음날 들른 남부 해안의 미하스는 흰색 벽과 붉은색 지붕이 특징인 안탈루시아 전통 양식의 주택들이 산기슭에 빼곡히 들어찬 풍경화 같은 모습이 장관이다. 더 서쪽으로 가면 언덕 위에 있는 요새 도시 론다가 나온다.

이 론다는 세비야와 함께 투우(鬪牛)로 유명한데, 1785년에 만들어진 이 투우장은 스페인에서 가장 오래된 것이라고 한다. 들어가 보지는 못하고 가이드의 설명만 들으며 스쳐 지나갔다.

다음날 드디어 대서양에 가까운 세비야로 이동하여, 세계 3대 성당의 하나인 세비야 성당과 황금의 탑을 보았다. 이 성당은 옛 이슬람 사원의 터에 1402녀부터 100년 동안에 걸쳐 세운 고딕 양식의 건물이다.

세비야 땅에서 하룻밤을 묵은 다음 4시간을 달려서, 포르투갈의 수도인 리스본에 이르렀다. 한때는 넓은 바다로 진출하여 세계를 호령하였던 시절을 상상하면서, 역시 세계문화유산인 제로니무스 수도원과 벨렘탑 등을 둘러보고 나서, 유럽의 땅끝마을이라는 까보다로까를 경유하여 파티마에 이르렀다.

유럽의 대표적 성당의 하나로 꼽히는 이 파티마 성당은 20세기에 성모님이 3번이나 발현한 기적으로 유명하다. 30만 명을 수용하는 큰 광장 북쪽에 있는 신고전주의 양식의 성당인데, 마침 이 날 저녁에 관광객도 참여할 수 있는 예배의식이 있다 하여, 우리 내외도 들어가 잠시 묵상하였다.

이날 저녁의 식사 자리에서는 가이드에게 부탁하여 와인 5병을 주문해가지고 우리 일행의 테이블마다 한 병씩 나누어 마시면서, 칠순 생일 축하 박수를 받은 일이 추억으로 오래 남는다. 이와 같이 알맞은 기회에 적당하게 한 턱 내는 것도 각박한 세상을 여유

롭게 사는 멋이 아닌가 한다.

다음날에는 내륙의 똘레도를 거쳐 스페인 수도인 마드리드에 도착했다. 유행가에도 나오는 '스페인 광장'에서 세르반테스 기념비와 돈키호테 동상을 살펴보고, 번화가인 그라비아 거리도 거닐어 보았다.

이 마드리드를 끝으로 7박 9일간의 이베리아 반도 2개국 여행을 마쳤다. 더 북쪽의 성지순례 길로 유명한 산티아고까지 가지 못한 것은 아쉬움으로 남았다. 다음 기회를 만들어 보기로 하고, 마드리드에서 이륙하여 이튿날 오후에 인천공항에 무사히 도착하였다.

(여행기간: 2015.6.27.~ 7.5/ 7박 9일)

# 하와이 바캉스

금년에는 6월초에 때이른 바캉스 여행기회가 생겼다. 대서양의 섬나라 아이티에 파견근무 중인 아들의 휴가일정에 맞추어, 함께 살고 있는 며느리와 손자가 미국 마이애미로 아비를 만나러 떠난 틈새를 우리 내외도 활용한 것이다. 우리 부부는 자식들과는 별도로 하와이에서 즐기다가, 손자와 같은 날(6월 5일) 귀국하기로 하였다. 손자 돌보미 보상휴가이기도 한 셈이다.

하와이(HAWAII)라는 명칭은 여러 가지 의미로 사용된다. 우선 8개의 주요 섬과 124개의 작은 섬으로 구성된 하와이 군도(群島)의 총칭이다. 또한 이 섬들 가운데 가장 큰 섬(Big Island)의 본래 이름이기도 하고, 미국의 50번째 주(州)의 명칭이기도 하다.

호놀룰루(Honolulu)는 하와이 주의 주도(州都)이고, 하와이의 관광과 행정의 중심이 되는 오하우(Ohau)섬에 위치한다. 항상 낭만이 넘치면서 '분출하는 물'을 의미하는 와이키키(Waikiki) 해변도 이 섬에 있다. 그래서 한국에서 보통 하와이에 간다고 말하는 것은 정확히 말하면 오하우섬의 호놀룰루에 간다는 의미가 된다.

여행 첫날은 오후 5시에 인천공항에서 이번 여행을 함께하기로 한 절친한 벗〔惠江〕 부부를 반갑게 만났다. 함께 출국 절차를 마치고 간식을 조금 먹은 다음에, 저녁 8시 20분에 아시아나(OZ 2032)항공편으로 이륙하였다.

8시간 20분 동안 기내식과 약간의 와인을 즐기고 한참 졸기도 하였다. 조금 지루하게 밤새 태평양을 날아 호놀룰루 국제공항에 내리니, 한국을 떠난 날과 같은 월요일 오전 9시 40분이란다. 한국과는 시차가 거의 하루에 가까운 19시간이나 나기 때문이다.

입국심사를 마치고 여행안내서대로 왼쪽 출구로 나오니, 피켓을 들고 서있는 현지 가이드(대니 방)를 쉽게 만났다. 다른 코드의 여행 프로그램으로 온 신혼부부들과 합류하여 12명이 같은 차로 시내관광에 나섰다.

주정부 청사와 아울라니 궁전을 거쳐 점심 식사를 하고, 오후에는 카피올라니 공원 등을 둘러보았다. 조금 이른 시간에 하얏트 플레이스 와이키키 비치 호텔(Hyatt Place Waikiki Beach Hotel)에 체크인하고 닷새 동안 머무를 방에 짐을 풀었다.

이튿날은 오하우 섬 일주에 나섰다. 먼저 거대한 우산같이 생긴 몽키 팜트리 앞에서 현지 전문 사진사가 기념사진을 찍어 주었다. 이어 다이아몬드 헤드 전망대와 한국지도 마을을 거쳐, 주라기 공원 영화 촬영지 등을 천천히 둘러보았다.

잠시 휴식을 겸해 해변 푸드 트럭에서 요리한 새우덮밥과 열대과일이 피로를 풀어주었다. 오후에는 파인애플 농장과 거북이비치를 살펴보았다.

셋째 날에는 미리 예약한 대로 1인당 350불 상당인 이웃 섬 관광에 나섰다. 이른 아침 식사를 마치고, 국내선 비행기로 45분 거리의 마우이(Maui) 섬에 가기 위해 공항으로 갔다.

국내선 공항에서 발권된 비행기 티켓에 적힌 탑승구가 갑자기 변경된다는 안내방송을 정확히 알아듣지 못해 우물쭈물 하다가 그만 그 비행기를 놓치고 말았다. 간신히 다른 창구에 확인한 후에 티켓을 다시 발급받아 1시간 늦게 다른 비행기편으로 마우이에 도착하였다. 영어에 서툰 데다가 가이드 없이 외국 공항에서 탑승구가 갑자기 변경되는 비행기를 제대로 타는 일이 만만치 않다는 것을 체험한 에피소드였다.

다행히 현지에서 우리 일행을 기다려준 가이드를 쉽게 만났고, 우의가 좋아 보이는 형제 부부 여행객과 합류하여 8명이 함께 움직였다. 점심시간에는 미안함을 덜려고 나는 맥주 4병을 별도로 주문하여 그들과 나누어 마셨다. 그제서야 이날의 해프닝이 조금 가신 듯이 기분이 개운해졌다. 여행지에서의 본의 아닌 작은 실수도 잘 수습하여 지나고 나면 추억이 될 수도 있는 모양이다.

마우이는 하와이 여러 섬 가운데 2번째로 큰 섬으로 제주도보다도 약간 크지만, 인구는 20만 명이 채 안 된다고 한다. 자라 모양으로 생긴 이 섬은 고대 하와이 왕국의 옛 수도였기 대문에 고대문화의 숨결이 곳곳에 숨어있다고 하지만, 하루에 다 둘러볼 수는 없는 일이다.

마우이 관광의 압권은 연방정부가 관리하는 3,058미터 높이의 할레이칼라 국립공원 정상에서 바라보는 휴화산 분화구와 그 너머로 수평선을 동시에 바라보는 것이라고 한다. 그러나 우리 일행이 완만한 경사 도로를 따라 이곳에 올랐을 때에는 보슬비가 내리고 두터운 운해가 덮여 그 장관을 볼 수가 없어서 아쉬웠다. 사진으로만 그 장관을 감상하는 것으로 만족해야 했다.

그러나 마침 이곳에서만 자라는 멸종 위기의 희귀식물인 '실버스워드(Silver Sword)'와 그 꽃을 본 것은 큰 행운이었다. 미국인들도 0.5%만 본다는 이 꽃은 일생 동안 한번만 피어 씨를 맺으면 삶을 마감한다고 한다. 한국인은 이 꽃을 은검화(銀劍花)라고 부르기도 한다.

또 하나의 관광 포인트는 일제시대에 이 섬으로 사탕수수 농장의 일꾼으로 건너와서 정착한 이민 1세대들의 애환 이야기였다. 정신대에 끌려가는 것을 피하려는 숭의여전을 다녔던 학생을 비롯한 양반집 규수들이 다행히 그들에게 시집와서 가정을 이루며 이국생활을 이겨냈다는 이야기를 들려주었다.

이러한 역사를 기념하려고 수년 전에 한국에서 자재를 실어와서 한국공원을 조성하여, 작은 정자를 짓고 해태 석상을 설치해 두었다고 한다. 그곳을 둘러보며 나라 잃은 선조들의 애환에 가슴이 아팠다.

다음 이틀은 자유일정이었다. 신혼부부들은 렌터카를 이용하여 진주만 일대를 관광하거나 해양 스포츠를 즐기러 가기도 하였다. 우리 일행 두 부부는 와이키키 해변의 야자수 그늘 아래서 해수욕과 일광욕을 함께 즐기면서, 해변 위 아래로 위치를 바꿔가며 휴가다운 한가로운 시간을 보냈다.

나는 아내와 함께 얕은 바다에 들어가 두 손을 잡아주며 헤엄치게 해주었다. 아내는 조금 무서워하면서도 좋아하였다. 30여 년 전 아이들과 함께 찾았던 경포대해수욕장의 추억이 되살아났다.

다음날에도 오전에는 해수욕을 즐기면서, 먹이를 달라고 찾아온 작은 참새와 비둘기들에게 과자 부스러기를 나누어 주며 대화하였다.

오후에는 마지막 일정 선택 관광으로 호놀룰루 썬셋 크루즈에 올랐다. 약 1,500명이 승선하는 큰 배에서 석양을 바라보며 샴페인과 와인 그리고 킹크랩과 스테이크를 즐겼다.

우리 4명이 안내 받은 자리는 여럿이 둘러앉는 큰 원탁이 아니라, 통로 옆의 4인용 테이블이었다. 나이 든 동양 노인들이라고 경로석(?)에 안내했나 하는 의구심이 들었지만, 내색하지는 않았다. 대신 다리에 난 상처 때문에 와인을 사양하는 친구의 몫까지 덤으로 마시며 취흥을 돋우고 있었다.

순간 음악이 바뀌더니 매력적인 폴리네시안 무희가 "알로하!"를 외치며 바로 내 앞에 나타나 황홀하게 엉덩이를 흔들며 춤을 추며, 함께 사진 찍는 것도 허락해 주었다. 우리 일행도 모두 어울려 춤을 추었다.

옆자리의 큰 테이블 손님들은 일어나 춤출 공간이 없었다. 십자 모양의 통로 앞에 마련된 우리 테이블이 바로 VIP좌석(?)인 것을 알게 되었다. 내 멋대로 나에게 유리하게 해석한다고 해서 돈을 더 내는 것은 아니니까, 내가 내 흥에 즐거우면 그만인 것이 여행의 또 다른 즐거움이 아닐까 한다. 아무튼 마지막 크루즈 일정이 하와이 온 것을 실감나게 해주었다.

여섯째 날에는 아침식사를 마친 다음, 귀국하기 위해 호놀룰루

공항으로 갔다. 당초 출발 예정시간보다 1시간 가까이 늦어진 비행기를 타고 하와이의 추억을 뒤로하였다.

갈 때보다 2시간이 더 긴 10시간 40분을 날아 날짜 변경선을 통과하고 시차를 회복하여 인천공항에 도착하니, 다음날 오후 6시가 다 되었다. 늦게 나온 짐을 찾고, 즐거운 여행을 함께한 친구 내외와는 다시 날 잡아 만나서 추억을 나눌 것을 기약하며 일단 헤어졌다.

우리 부부는 4번 탑승구에서 청담동행 공항버스에 올랐다. 나는 안도감을 느끼며, 패티 김이 불렀던 '하와이 연정'이라는 노래를 마음속으로 흥얼거려 보았다. 이어 피로감이 몰려왔지만, 이날따라 서해의 낙조가 아름다웠다.

(여행기간: 2016.5.30.~6.5/ 5박 7일)

# 로키 산맥과 알래스카 크루즈

아내의 칠순을 기념하여 계절의 여왕이라는 5월에 우리 부부는 가까이 지내는 다른 부부와 더불어 이색적인 해외여행에 나섰다. 우리가 찾아간 곳은 캐나다 로키 산맥 일대의 육로 여행(5박 6일)과 알래스카 크루즈 여행(7박 8일)을 한꺼번에 경험할 수 있는 여정이었다.

이번 여행 팀은 2017년의 대서양 크루즈 여행 팀과 마찬가지로, 우리 부부와 서울 강남에 가까이 사는 사진작가인 유촌(柳村) 부부, 무릉도원(武陵桃源: 강원도 영월군)에 살면서 '선녀와 나무꾼'을 자처하는 학산(鶴山) 부부, 그리고 미국 텍사스에 거주하는 교포 덕인(悳仁) 부부 등 8명이 한 팀을 이루었다.

특히 크루즈 선실에서 붙어있는 4인실 2개를 동시에 확보하면 남녀가 따로 사용하면서도 칸막이 문만 열면 물건을 주고받으며 서로 대화도 나눌 수 있어서 편리했다. 부지런한 덕인(悳仁)이 전에도 이렇게 팀을 짜고, 일찍 예약해서 휴스턴(Houston)을 비롯한 미국 동남부 해안과 멕시코 칸쿤(Cancun)을 위시한 카리브해를 크루즈로 여행했을 때 경험한 바 있었다.

그래서 여행은 '어디로 가느냐보다, 누구와 가느냐'가 더 중요하다고 한다. 서로 배려하고 양보하는 모습이 아름답다. 나이가 들수록 더욱 그렇다고 여겨진다.

## 웅장하면서도 아름다운 로키 빙원

5월 15일 오후 5시경에 인천을 출발한 대한항공 비행기(KE019)는 태평양 상공을 날아서 이튿날 정오 즈음에 미국 시애틀 타코마 국제공항에 우리를 내려놓았다. 날짜 변경선을 넘어오니 현지 시간으로는 같은 날 정오 무렵이라고 한다.

시애틀은 미국 서북부의 가장 큰 도시로서, 엘리엇 만(灣)과 워싱턴 호(湖) 사이에 자리하고 있다. 동양과 알래스카로 가는 관문이며, 아름다운 자연 환경으로도 유명하다. 또한 오래전에 개봉된 로맨틱 코미디 「시애틀의 잠 못 이루는 밤(Sleepless in Seattle)」도 한때 유명하였다.

시내 관광에 나선 우리 일행은 1962년 세계 박람회 개최지인 스페이스 니들(Space Needle)과 유리 박물관도 둘러보았다. 특히 기억에 남는 건 세계적인 커피 체인점인 스타벅스(STARBUCKS) 1

호점을 발견하고, 우리 일행은 밤늦게 커피를 마신 탓에 '시애틀의 잠 못 이루는 밤'을 지새우기도 하였다.

다음날에는 밴쿠버로 이동해서 다운타운 일대를 둘러보았다. 이곳은 북위 49도에 위치한 캐나다 제3의 도시로서 1792년 태평양 연안을 탐험한 조지 밴쿠버 선장의 이름에서 따온 지명이라고 한다. 역시 태평양으로 통하는 무역항이자 상공업의 중심지이다.

다음에는 유네스코 세계자연유산 가운데 하나이며, 길이 약 150㎞, 너비 약 80㎞인 캐나다의 로키 산맥을 향해 출발하였다. 가는 도중에 골드 러쉬(Gold Rush)의 거점이었던 호프(Hope)에서 점심을 먹은 다음, 여러 곳을 둘러보았다.

선택 관광으로 설상차(雪上車)를 타고, 해발 3,750m의 콜럼비아 빙원에서 흘러내린 아사바스카(Athabasca) 빙원(氷原)을 직접 체험하였다. 내가 밟고 있는 이 얼음의 두께가 300m가 넘는다고 한다. 이것이 로키 트레킹 코스의 하이라이트라는 가이드의 설명이다.

또한 레이크 루이스(Lake Louise)는 깊게 패인 땅에 빙하가 녹아내린 물이 고여 호수가 된 곳인데, 그 물빛이 청록색으로 비춰서 신비하고 아름다웠다. 눈앞에는 높이 3,484m의 빅토리아 산의 거대한 빙하가 웅장하다. 이 풍광을 영국 BBC방송에서는 일생에 꼭 봐야 할 100대 명소의 하나로도 선정하였다고 한다.

다음날에는 곤돌라를 타고 웅장한 로키 산맥과 아름다운 밴프(Banff) 시가지를 한꺼번에 볼 수 있는 알바타 최고의 전망대에 올랐다. 또한 마르린 몬로가 주연했던 「돌아오지 않는 강」으로 잘 알려진 보우 폭포(Bow Falls)를 가까이에서 감상하였다.

그 다음날(5월 21일)에는 5박 6일의 로키 산맥 관광을 모두 마치고, 캠스룩에서 호프와 밴쿠버를 반대로 경유하여 시애틀로 돌아왔다. 잊을 수 없을 로키 빙원의 웅장하면서도 아름다운 모습이 오래 추억으로 남아있을 것으로 예감하였다.

## 알래스카 크루즈와 화이트 패스 산악 열차

5월 22일(화)에는 시애틀 항구에서 크루즈 카니발에 승선(乘船)하였다. 이틀 동안 기항하지 않고 계속 운항하는 동안에 우리는 전망

대와 수영장 등 큰 배의 이곳저곳을 찾아보면서 시간을 보냈다.

24일(목)에는 알래스카의 부동항(不凍港)이자 주도(州都)인 주노(Juneau)에 기항하여 시내를 관광하였다. 주노에서 놓쳐서는 안 될 곳이라면 단연 '멘델홀 빙하'를 꼽는다. 빙원을 구성하는 38개의 거대한 빙산 가운데 하나로, 푸른빛이 감돌아 신비로움을 더해 준다. 글레이셔 베이 국립공원(Glacier Bay National Park)이 위치하고 있어 관광 일정에 꼭 포함되어 있다고 한다.

25일(금)에는 두 번째 기항지인 스캐그웨이(Skagway)에 기항하였다. 옛 골드 러쉬 시절의 물자 조달을 위한 시발점인데, 가파른 언덕을 오르고 깊은 계곡을 건너는 화이트 패스 협궤열차 관광이

인상적이었다. 남자들은 'White Pass & Yukon Route'라고 새겨진 모자를 기념으로 샀다. 시내 관광에서는 'ALASKA'라고 가슴에 새겨진 점퍼도 기념품으로 사서 즐겨 입고 다녔다.

다음날에는 거대한 빙하가 바다와 만나는 지점인 글레이셔 베이 국립공원을 방문하였다. 1만 3천㎢의 넓이를 자랑하는 훼손되지 않은 거대 빙하 공원으로, 유네스코 세계자연유산이며, 빙하와 야생식물로 둘러싸인 협곡이 인상적이다. 뒤에 2018년 크루즈 최고의 기항지로 선정되었다는 보도가 있었다.(동아일보: 2019. 3.21 D5)

5월 27일에는 인디언 언어로 '독수리의 펼친 날개'라는 뜻을 가진 케치칸(Ketchikan)은 알래스카주의 경계선이 남쪽으로 길게 내려온 지점에 있는 관광 상업의 도시로, 인디언 특유의 화려한 원주민 마을과 원주민 문화인 토템을 만날 수 있었다.

여행이 길어져서 조금 지쳐갈 무렵인 이날 밤에는 레스토랑에서 승객을 위한 깜짝 파티가 열렸다. 5월에 생일이 든 사람이 앉은 테이블의 조명이 조금 어두워지는가 싶더니, 화려한 팡파레 음악에 맞춰 와인 1병과 작은 생일 케이크가 배달되었다. 그리고는 남녀 종업원들이 해피 버스데이 축가를 손뼉을 치면서 신나게 불러 주었다.

5월에 칠순 생일을 맞은 아내는 조금 감격스러워 하였고, 우리 일행도 손뼉 치며 큰소리로 생일 축가를 같이 불렀다. 나는 몰래 준비한 장미꽃 다발과 작은 선물을 서양 사람들이 하듯이 한쪽 무릎을 꿇고 사랑하는 아내에게 전하는 퍼포먼스를 행하였다. 그리고는 와인 2병을 추가로 주문하여 우리 일행과 나누어 마시면서 이날 밤을 즐겼다.

다음날 마지막 기항지인 캐나다 밴쿠버 섬의 항구 도시 빅토리아에 들렀다. 아름다운 정원으로 유명한 부차트 가든(Butchart Gardens)과 수상가옥 등을 둘러보았다. 캐나다뿐만 아니라, 미국의 노년층도 말년을 이곳에서 보내려고 찾아오는 휴양도시이기도 하다.

5월 29일에는 처음 도착하였던 시애틀로 되돌아왔다. 이번 여행을 예약했었고, 이제 휴스턴으로 되돌아가는 덕인(悳仁) 내외와 다시 만날 것을 기약하고 헤어졌다.

이날 오후 5시경에 다시 대한항공(KE020)을 타고 인천공항에 도착하니, 날짜가 하루 더 지난 5월 30일 오후 5시 반이었다.

오래 추억으로 남을 캐나다 로키산맥과 알래스카 크루즈 여행을 무사히 마쳤다. 아내와 친구 일행에게 모두 감사를 전하고 싶다.

(여행일정: 2018.5.15~5.30/ 14박 16일)

*귀국 후 1년이 지나서 아내의 생일이 다시 돌아오자, 여행 때의 일정표와 함께 여행한 유촌(柳村)의 여행 메모를 참조하면서, 희미해진 기억을 더듬어 간신히 여행기를 적는다.

# 태산(泰山)에 오르다

나는 중국 고대 국가들의 발상지이자 인류의 큰 스승 공자(孔子)의 고향이기도 한 산동성 중부지역 일대를 답사하였다. 내가 참여하고 있는 한전 전우회(電友會) 산하의 고전연구회원들과 함께한 3박 4일간의 일정이었다.

일행 18명 가운데에는 최고령인 허번(許播: 1927년생) 선배도 건강한 모습으로 동참하였고, 특히 공자님의 80세손인 공소열(孔昭烈: 1937년생) 회장도 후손 대표로 참가하였다. 또 고전연구회 지도교수 객성(客星) 김영배(金永培: 前 한자지도사회 회장) 선생도 중국에 여러 번 다녀왔지만, 아직 공자 사당에 직접 참배할 기회를 갖지 못했다면서 우리와 동행하였다.

산동성(山東省)은 태항(太行) 산맥의 동쪽이라는 의미이고, 서쪽의 산서성(山西省)과 대비된다. 또 산동은 5천㎞ 이상을 흘러와 발해만으로 들어가는 황하(黃河) 하류의 평원 지대이다. 동쪽으로는 산동반도를 끼고 황해(黃海: 한국의 西海)와 연결되어 우리나라와 가까운 이웃이다.

역사적으로는 고대 용산(龍山) 문명의 발상지이며, 상(商)나라와 주(周)나라가 있었던 지역이다. 또한 강태공(姜太公)의 제(濟)나라와 공자가 흠모한 주공(周公)의 노(魯)나라가 있었던 땅이기도 하다. 그래서 지금도 산동성을 줄여서 노(魯)라고 하며, 자동차 번호판의 앞 글자로 쓰이고 있다.

이 산동성의 중부지역인 성도(省都) 제남(濟南)과 태산에 오를 수 있는 태안(泰安), 그리고 공자의 고향인 곡부(曲阜)에서 우리 일행은 각각 하룻밤씩 묵으면서 답사하고 참배하였다.

태산(泰山)은 중국의 명산 다섯 곳 가운데 으뜸이라 하여 오악지장(五嶽之長)이라고 하며, 최고의 성산(聖山)으로 대접받는다. 정상까지는 1,545m라고 하니, 표고가 그다지 높은 편은 아니다. 그러나 다른 산맥에 연결되지 않고 평원에 갑자기 우뚝 솟아서 높고 성스럽게 보인다고 한다.

예부터 진시황(秦始皇)을 비롯한 역대의 많은 황제들이 이곳에 올라 하늘의 뜻을 받드는 봉선(封禪) 의식을 올렸다. 한(漢) 무제, 당(唐) 고종, 송(宋) 희종, 원(元) 세조도 이곳에 올랐으며, 청(淸) 건륭제(乾隆帝)는 11번이나 태산에 올랐다고 한다.

또한 한 무제(일설에는 진시황)가 천제(天祭: 봉선제)를 올리고 큰 비석에 자신의 업적을 새기려 했으나, 태산의 수려한 경관과 위용에 압도되어 글자를 새기지 못하고 빈 비석만 그대로 남겨놓아, 지금까지 무자비(無字碑)로 남아있다.

공자의 "동산(東山)에 올라서는 노나라가 작다는 것을 알았고, 태산에 올라보니 천하가 작다는 것을 알았다.〔孔子 登東山而小魯, 登泰山而小天下〕"는 말도 전해지고 있다.

태산의 2천여 개의 석각(石刻) 가운데 가장 유명한 것은 '충이(虫二)'라는 두 글자를 새긴 것이라 한다. 이것은 태산의 경관을 한마디로 표현한 풍월무변(風月無邊)이라는 말의 미어(謎語)이다. '風月'이라는 글자에서 변을 없애면 '虫二'만 남는 것을 말하는데, 함축미가 뛰어난 글로 평가 받는다고 한다. 내 생각에는 한자의 중국식 유희인 것 같다.

태산홍모(泰山鴻毛)는 태산과 기러기 털처럼 차이가 엄청나게 큰 것을 비유한 말로서, 사마천(司馬遷)의 글에 나온다. "사람은 본래 한 번 죽는 것인데, 그 죽음이 태산처럼 무겁거나, 혹은 기러기 깃털처럼 가벼운 것은 그 지향하는 바가 다르기 때문"이며, 자신이 궁형(宮刑)의 치욕을 참고 사는 것은 오로지 『사기』를 완성하기 위해서라고 말했다. 또 불식태산(不識泰山)은 유능한 인재를 알아보지 못함을 이르는 고사성어이다.

등정을 시작하는 일천문(一天門)에서 태산의 여신을 모신 벽하사(碧霞祠)까지는 7,412개의 돌계단으로 연결되어 있다. 걸어서 정상에 오르면 10년이 젊어진다거나, 죽어서 영혼이 태산에 든다는 속설이 있어, 이 돌계단을 차례로 밟아 정상에 한번 오르는 것이 중국 사람들의 평생 소원이라고 한다.

게다가 태산에 올랐을 때 비를 만나면 용의 눈물을 보았다 하여, 대단한 길조(吉兆)로 여긴다는 속설도 있다. 우리나라의 정치인들도 태산에서 비를 만난 사실을 두고 설왕설래가 있기도 하였다.

그런데 우리 일행은 삭도(索道: Cable Car)를 이용해 힘들이지 않고 태산을 오르내렸으니, 그런 효험은 기대할 수 없을 것이다. 케이블카가 도착한 남천문(南天門)에서 하늘길이라는 천가(天街)를 지나, 가파른 돌계단을 딛고 드디어 정상인 옥황봉(玉皇峰)에 올라 천하를 내려다보았다.

너무 기대가 컸던 탓인지, 아니면 나이 때문인지 예상만큼의 감흥이 일지는 않았다. 오히려 이날 저녁에 태산을 배경으로 거대한 야외무대를 설치하고, 역대 제왕들의 봉선의식을 화려한 조명과 함께 펼친 공연이 기억에 남는다.

아무튼 우리 고전연구회 일행도 모두 무사히 태산에 올랐다. 비를 만나지는 않았지만, 각자의 소원이 이루어지기를 기원해 본다.

그리고 다음날 곡부(曲阜)에 가서 공묘(孔廟)에 참배할 일을 기약하였다.

나는 태산의 기념품 가게에서 '만사여의(万事如意)'라고 금박으로 새긴 작은 조약돌 하나를 사서 주머니에 넣고 태산을 내려왔다. 그리고는 옛 시조 한 수를 읊조리며 태산 기행을 마무리하였다.

| | |
|---|---|
| 태산이 높다 하되 하늘아래 뫼이로다 | 泰山雖高是亦山 |
| 오르고 또 오르면 못 오를 이 없건마는 | 登登不已有何難 |
| 사람이 제 아니 오르고 | 世人不肯勞身力 |
| 뫼만 높다 하더라 | 只道山高不可攀 |

# 곡부(曲阜)에서 다시 만난 성인(聖人)

## 성현(聖賢)의 고장 곡부

사서삼경(四書三經)을 조금이라도 배운 사람은 누구나 하나의 꿈이 생긴다. 그것은 인류의 큰 스승이신 공자(孔子)께서 2,500년 전에 태어나고 묻힌 지금의 중국 산동성(山東省) 곡부(曲阜)를 찾아 참배하는 일이다. 나는 희년(稀年)에 이르러서야 그 기회를 얻었다.

이 곡부에는 이른바 삼공(三孔)으로 불리는 공자의 유적이 있다. 삼공이라 함은 공자와 그 제자의 위패를 모신 사당 공묘(孔廟)와 공자 부자(父子)를 비롯한 가족묘지인 공림(孔林), 그리고 공자의 후손들이 대대로 살아온 마을인 공부(孔府)를 통틀어 이르는 말이다.

성인께서는 금성옥진(金聲玉振)으로 시종(始終)을 온전히 하시고, 역사(歷史)와 시문(詩文)을 집대성(集大成)함으로써 인류의 큰 스승이 되었다. 이러한 성인의 흔적을 그의 고향에 직접 가서 삼공을 모두 살펴본다는 것은 큰 영광이었지만, 한편으로는 성인을 다시 생각해보는 계기이기도 하였다.

## 공자의 노(魯)나라와 불우한 그의 생애

공자가 태어난 노나라는 주(周)나라의 시조인 무왕(武王)의 아우이자 현인(賢人)으로서, 주나라의 기초를 닦은 주공(周公)에게 내려졌던 봉지(封地)를 그 아들인 백금(伯禽)에게 다스리도록 한 땅이다. 주나라 개국공신인 강태공(姜太公)에게 내려주었던 인근의 제(濟) 나라보다 크기는 작지만, 춘추시대 초기까지 고대 문화가 잘 보존된 강소국(强小國)이었다.

원래 공자의 선조는 동이족(東夷族) 계통인 은(殷)나라의 후예로서, 폭군 주왕(紂王) 때에 주 무왕(武王)에게 나라를 잃었다. 그러나 주나라는 은나라 왕실의 조상 제사를 받들 수 있도록 배려하고, 은의 유민(遺民)을 달래기 위해 송(宋)나라를 봉국(封國)으로 세웠는데, 이 송나라의 귀족인 미자(微子)가 공자 가문의 시조라고 한다.

그러다가 공자의 6대조 공보가(孔父嘉) 때에 와서 그 할머니의 미모 때문에 생긴 멸문의 화를 피해서, 노나라로 피해 들어와 살게 되었다. 말하자면 공자는 이름뿐인 명문 귀족이요, 망명 가문의 후예인 셈이다.

공자의 아버지 공흘(孔紇)은 자(字)가 숙량(叔梁)이어서, 흔히 '숙량흘'이라고 불려진다. 하급 무사였으나 나중에 초읍의 대부(大夫) 직위에 올랐다. 첫째 부인에게서는 딸만 아홉을 두었고, 둘째 부인에게서 아들 맹피(孟皮)를 얻었으나 장애인이었다. 그래서 60대 후반의 나이에 친구의 셋째 딸인 열여섯 살의 처녀 안징재(顔徵在)를 얻어 공자를 낳았다.(이를 두고 정식 혼인이 아니라 하여 野合이라고도 한다.)

공자의 이름은 그 모친이 니구산(泥丘山)에 빌어서 얻었다 하여 구(丘)라 하였고, 자(字)는 둘째라는 의미가 포함된 중니(仲尼)라 한다. 공자가 세 살 때에 아버지가 별세하니, 어머니가 무당(巫堂)으로 생계를 꾸렸다. 이러한 환경으로 어려서부터 제례를 몸으로 익혔는데, 구(丘)는 자랄수록 총명하여 열다섯 살에는 학문에 뜻을 두었다.

19세에 올관(兀官)씨와 혼인하여 20세에 아들 리(鯉)를 얻었는데, 이 해에 위리(委吏: 창고지기)라는 하급 관리가 되었다. 24세 때에는 모친(안징재)이 별세하였다. 65세 때에 상처(喪妻)하였고, 69세 때에는 아들 리(鯉)가 먼저 죽었으며, 73세(기원전 479년) 4월 기축(己丑)일에 세상을 떠나서 아들 옆에 묻혔다.

세상에 나와서는 30세 때에 노자(老子)에게 예를 물었고, 35세 때에 제나라에서 돌아와 가르침을 베푸니 제자들이 많이 찾아왔다. 52세에 사구(司寇: 법무장관급) 벼슬을 하였으나, 56세에 철환천하(轍環天下)를 시작하였다가 68세에 노나라에 돌아와 시(詩) 서(書) 예(禮)를 정리 찬술(纂術)하였고, 71세에는 노나라의 비판적

편년체 역사서인 『춘추(春秋)』를 완성하였다.

## 불우한 인생을 이긴 위대한 사상

공자는 은(殷) 나라 순(舜) 임금의 소악(韶樂)을 주(周) 무왕(武王)의 무악(武樂)보다 높게 평가하였다. 논어 팔일(八佾) 편에 보면, "소악은 미와 선의 극치를 이루었지만, 무악은 선의 극치에 이르지는 못하였다."고 평가한 기록이 보인다. 이 말은 성인이 다스리던 왕도(王道)의 치세를 영웅이 다스리는 패도(覇道)의 치세보다 높게 평가한 말과 같이 해석된다.

또한 공자는 시대가 변하였고, 천명(天命)에 의해 주나라가 은나라를 계승하였음을 인정하였다. 그리고 주역 64괘를 지은 문왕의 아들이자, 주(紂)를 멸한 무왕의 동생인 주공(周公)을 사표(師表)로 삼았다. 주공은 포토악발(哺吐握髮: 먹던 음식을 뱉고 감던 머리를 틀어쥐고 손님을 맞이함)하는 자세로 성심을 다해 어린 조카 성왕(成王)을 보좌하여, 주나라 개국 초기의 난국을 슬기롭게 극복한 현인이었다.

공자는 이와 같은 주나라 초기의 문물(文物) 제도를 본받고 예치(禮治)의 시대로 돌아가 극기복례(克己復禮)를 실천함으로써, 춘추시대의 난국을 극복하자고 주장하였다. 이러한 면에서 공자는 전통(傳統)과 인(仁)을 중시하면서, 정명(正名)주의를 추구한 사상가라고 할 수 있다.

그러나 다른 한편으로는 세계 최초의 사립학교(私學)인 행단(杏壇)을 창설하고, 사람의 신분을 가리지 않은 유교무류(有教無類)의 정신으로 배우고자 하는 사람은 누구나 제자로 받아들였다. 또한 속수지례(束脩之禮)라 하여 육포 한 묶음 정도의 예로 수업료를 대신하였다.

이러한 평등사상과 인재 양성 활동은 당시의 사회 제도에 비추어 볼 때 매우 혁신적인 이념을 실천한 것이다. 그런 면에서 공자는 시대를 앞서가는 개혁가이자, 이상주의자의 면모를 가졌다고 할 수도 있다.

이러한 공자의 사상과 실천이 있었기에, 불우한 개인적 생애를 극복한 영원한 스승으로 평가되며, 황제(淸, 康熙帝)가 만세사표(萬世師表)라는 편액(扁額)을 올린 이유도 거기에 있을 것이다.

## 삼공(三孔)을 둘러보다

공묘(孔廟)는 지성묘(至聖廟)라고도 하는데, 공자의 제사를 모시기 위한 사당(祠堂)이다. 돌아가신 이듬해(기원전 478년)에 노(魯) 애공이 공자의 고택을 개조하여 처음으로 건립하였다고 한다. 그 뒤에 공자의 명성이 높아감에 따라 황궁(皇宮)의 격식에 맞추어 확장되었으며, 청 옹정제(雍正帝)가 명을 내려 대대적으로 보수 확장하여 지금의 규모에 이르렀다.

여러 개의 문루(門樓)를 지나가는데, 성시문(聖時門)이라는 세로로 새긴 현액(懸額)이 있었다. 이것은 '맹자'의 '공자성지시자야(孔子聖之時者也)'에서 나온 말로, '공자는 때를 알고 그때에 알맞게 행동한 성인'이라는 뜻이다. 지금에 와서도 음미할만한 말이며, 청나라 때 건륭제(乾隆帝)가 편액을 썼으나, 반문명적인 문화혁명 때 훼손되어, 지금 보이는 것은 복제품이라 한다.

대성전(大成殿)이 공묘의 중심인데, 황궁처럼 금기와(金蓋瓦)로 장식한 건물이다. 공자와 함께 4대 제자로 불리는 안회(顔回), 자로(子路), 증삼(曾參), 맹자(孟子)의 상이 모셔져 있다. 우리 일행은 대성전 앞에 마련된 참배단(參拜壇)에서 간소한 제물로 배례(拜禮)를 올렸다.

공부(孔府)는 공묘의 동쪽에 있는데, 장손들의 거주지다. 방이 463간이라는 기록이 있을 정도로 방대하다. 여기에 딸린 정원을 철산원(鐵山園)이라고 하며, 전면에 있는 오백포괴(五柏抱槐)라고 부르는 측백나무 다섯 그루가 유명하다. 전체 정원 면적은 약 3.6㎢에 달하고, 10만여 그루의 수목이 무성하게 잘 자라고 있다.

공림(孔林)은 공자와 그 가족의 묘군(墓群)인데, 가족 묘지로서는 세계 최대 규모라 한다. 여러 번 확장되어 왔으며, 명(明)대에 이르러 약 120만㎡(약 36만평)에 이르렀고, 청(淸)대에 더 확장되었고, 현재는 둘레가 5,591m에 총면적이 약 183만여m²(약 55만평)에 이르고 있다. 이처럼 규모가 방대하고, 기세가 웅대한 가족묘지는 공자만이 가질 수 있는 특권이었다. 공자 사후 지금까지 2,400년 동안 매장(埋葬) 행사가 이어지고 있다고 하니, 그야말로 지성림(至聖林)다운 모습이라 생각된다.

이렇게 공자님의 고향에 찾아가 그 유적을 직접 살펴보면서 제단에 참배하고, 성인의 생애를 깊이 있게 다시 음미해보니 감개가 무량하다. 백문(百聞)이 불여일견(不如一見)이라는 말은 이를 두고 한 말인 듯하다. 하루 전날 대륙의 오악(五嶽) 중 으뜸이라는 태산(泰山)에서 느낀 감흥도 마찬가지다.

이번 여정을 돌이켜 음미해보니, 성인의 가르침은 오늘날에도 잘 활용하면 매우 유용할 수 있다는 생각이 들었다. 다만, 성인도 시속을 따른다는 말처럼, 변화에 적응하면서도 치우치지 않는 중용(中庸)의 정신과 현실에 기초한 실용(實用)의 자세는 잊지 말아야 하리라 짐작해 보았다.

성현의 고향을 뒤로하고 우리 고전연구회원 일행은 산동성 성도(省都)인 제남(濟南)으로 돌아갔다. 그리고 웅장한 규모인 산동박물관과 천불산(千佛山)을 살펴보고 나니 저녁때가 다 되었다. 공항 근처에서 가벼운 식사를 마친 다음, 우리 일행은 귀국편 비행기에 올랐다.

(2015.9.17)

# 아무르 강 너머에는

지독했던 지난여름 더위를 넘기고 나니 '강물이 여물어가는 9월'(안도현 시인의 표현)이 찾아왔다. 우리 초목회(初木會) 회원들은 부부동반으로 가까운 러시아 극동지역 여행에 나섰다.

북한 상공을 통과하는 러시아(오로라) 항공의 직항로로 불과 2시간이면 갈 수 있는 블라디보스토크에서는 마침 블라디미르 푸틴 대통령이 의욕적으로 주재하는 '동방경제포럼(EEF)'이 열리고 있었다. 한국에서는 이낙연 국무총리 일행 14명이 여기에 참여하고 있다고 한다.

이 블라디보스토크는 '동방을 다스린다'는 뜻으로, 19세기 중반에 제정(帝政) 러시아의 군사기지로 개발된 극동지역의 요충지다. 또한 지구 둘레의 4분의 1에 가까운 9,288㎞에 달하는 시베리아 횡단철도의 종착역이자 시발점이기도 하다. 유럽에 속하는 모스크바까지 가는 동안에 9번이나 시간대가 바뀐다고 하니 얼마나 넓

은 땅인지 짐작이 간다.

도착한 날 오후 첫 관광으로 전망대에 올라 이곳의 랜드 마크인 금각만 대교[斜張橋]와 여러 명소들을 바라보았다. 이것으로 첫날 일정은 마무리하고, 러시아 식당에서 현지식[샤슬릭]과 보드카를 곁들인 만찬을 즐겼다.

이튿날에는 러시아정교회 성당과 극동 함대사령부 및 중앙광장 등을 찾아보았다. 그리고 무명 용사비와 박물관 등 시내 여러 곳을 둘러보았다. 오후에는 영화배우 율브리너 생가 앞 동상에서 부부끼리 기념사진도 찍었다.

또한 우리 선조들이 독립운동을 했던 신한촌(新韓村)의 기념비 앞에서는 모두 고개 숙이고 잠시 숙연했다. 엄혹(嚴酷)한 시기에 나라를 잃고, 옛적 발해(渤海) 땅이던 이곳에서 고생하였던 선조들의 애환이 느껴졌다.

저녁 식사를 마친 다음에는 시베리아 횡단 열차의 시발점인 중앙역으로 가서 야간열차 2등칸(2층 침대 4인실)에 올랐다. 좁고 위험해 보였으나, 술꾼 친구와 몰래 마신 보드카 취기를 빌어 잠들었다.

아침 6시가 지나자 간단한 식사가 나왔다. 그러나 세면과 양치를 제대로 못해서 불편했다. 이런 기차를 타고 모스크바까지 여러 날 걸려서 여행하는 사람들의 용기와 인내가 대단하게 생각되었다.

아무튼 우리를 태운 야간열차는 밤새도록 12시간을 달려 하바롭스크에 도착하였다. 이 지명은 17세기에 하바로프라는 탐험가가 이곳을 발견한 데에서 유래하였다고 하며, 시내 광장에 그의 동상이 서 있다. 그밖에도 혁명내전 기념탑과 성모승천사원 및 예수 부활성당 등을 관람하였다.

나에게 무엇보다 인상에 남는 것은 광활한 아무르(Amur) 강의 풍광이었다. 길이는 상류까지 합해 4,444㎞에 이른다고 하며, 중국 쪽에서 흘러온 송화강(松花江)과 합류한다. 이 아무르 강을 중국에서는 '헤이룽강(黑龍江)'이라고 부르고, 몽골에서는 '하라무렌(검은 강이라는 뜻)'이라 한단다. 중소(中蘇) 양국간 국경을 이루며 다시 유유히 동북 쪽으로 흘러 오츠크 바다(북태평양)에 이른다.

한편 최근에 아무르 강 북쪽 평원의 취락(聚落) 유적에서 토기(土器) 파편들이 발견되는데, 학자들은 발해의 유적과 매우 유사하다는 평가를 내어놓기도 하여 관심을 끌었다.(연합뉴스 2018.8.27) 하기는 우리 한국민족(퉁구스족)의 발상지가 이곳보다 더 북쪽의 바이칼 호수 주변이었다고 하니, 언젠가 꼭 한번 찾아가 보리라 다짐하였다.

이날 오후 우리 일행은 유람선을 타고 1시간 동안 아무르 강을 둘러보았는데, 강물의 깊이나 물의 흐름을 느낄 수가 없었다. 또한 '강물이 여물어가는 소리'를 듣지도 못했다. 다만 강변 양쪽으로 넓게 펼쳐진 피안(彼岸)도 넓은 평원(平原)과 맞물려 그 경계마저 희미할 뿐이다.

하기는 여기서 넓은 강의 건너편 피안을 바라본다고 해서 속세의 풍파에 시달린 내가 어찌 진리를 깨닫고 정토(淨土)에 들기를 바랄 수 있으랴. 그저 무사히 사바세계(娑婆世界)로 돌아가 편안하게 추석 명절을 보내며, 밝은 보름달이 내 마음에도 친구들의 가슴에도 환하게 떠오르기를 바랄 뿐이었다.

(여행기간: 2018.9.11.~14/ 3박 4일)

# 바이칼 호수와 몽골 평원을 찾아서

부부동반으로 국내외 여행을 함께해온 우리 초목회(初木會: 한전 65입사동기회) 회원들은 금년에도 여름이 끝나가는 8월말에 지난해(2018)의 시베리아 여행의 속편(續編) 여행에 나섰다. 작년에는 러시아 극동지역인 블라디보스토크에서 아무르 강을 거쳐 하바롭스크까지 기차로 이동하면서, 옛적 우리 남북국(南北國) 시대의 발해(渤海)의 영광과 근대 국난 시기에 북간도에서 활약한 선조들이 남긴 발자취를 둘러본 적이 있다.

그때 나는 다음 기회에는 시베리아 평원으로 가서 우리 민족의 발원지인 바이칼 호수와 몽골 평원을 둘러보고 싶은 욕망이 간절해졌다. 그러다가 금년 연초 정기 총회에서 나의 제안이 회원 다수의 동의를 얻음으로써 이번 여행 계획이 확정되었다. 실행계획은 사무총장 柳村의 철저한 사전 준비로 롯데관광 측과의 협상이 잘 진행되었다.

"빨리 가려면 혼자서 가라. 그러나 멀리 가려면 함께 가라."는 말이 있듯이, 이제 제법 나이가 들어버린 우리 일행 22명(부인 8명 포함)은 러시아 바이칼 호수와 몽골 테렐지 국립공원을 함께 볼 수 있는 최적의 루트를 따라 즐거운 답사여행에 나섰다.

## 러시아 바이칼 호 알혼 섬에서

바이칼(Baikal) 호(湖)는 시베리아 남부의 도시 이르쿠츠크 인근에 위치한 세계에서 가장 큰 담수호(淡水湖)이다. 면적은 31,500㎢로 남한의 약1/3에 해당하고, 길이는 630㎞, 가장 깊은 수심은 1,620m나 된다고 한다. 큰 용(龍)이 살만하다 하겠다.

약 2,500만 년 전에 생겨나서 지구 담수의 1/5를 저장하고 있다. 36개의 하천이 이 바이칼 호로 흘러 들어오는데, 나가는 강은 '안가라' 강 하나뿐이라고 한다. 이 안가라 강은 1,800㎞를 흘러 예니세이 강과 합류하여 북극해로 들어간다.

유람선을 타고 호수 주변의 절벽 바위와 여러 명소들을 둘러보았다. 돌아오는 선실 안에서 바이칼 호수에 산다는 연어와 비슷하기도 한 '오물'이라는 이름의 생선 구이 깜짝 파티가 열렸다. 내가 준비해 가지고 간 소주 2팩은 눈 깜작할 사이에 동이 나버리고, 이어 보드카 잔이 돌았는데 그 맛도 또한 일품이었다.

이 바이칼 호의 심장에 비유되는 곳이 바로 알혼(Olkhon) 섬이다.(현지 발음으로는 올혼이라고도 한다) 이곳을 한민족의 발원지라고 주장하는 한국의 학자들이 다수 있다. 현재의 거주민은 '부랴트'족이라고 하는데, 러시아인들보다 더 오래전부터 이곳에서 살고 있다고 한다. 절벽 언덕에 솟대 기둥을 세우고, 오색 천을 감아둔 모습이 우리나라의 옛적 시골 마을 '서낭당(城隍堂)'을 연상케 하였다.

우리 민족의 발상지를 눈으로 확인하고 영감을 얻으려고 일찍이 조선의 톨스토이를 자처했던 춘원 이광수(李光洙) 선생과 '자야'의 시인 백석(白石)도 바이칼 호수를 찾아왔었다고 전해진다.

우리 일행은 이르쿠츠크에서 이곳을 보려고 일직선으로 뻗어있는 자작나무 숲길과 야생화 들판을 달려왔다. 하늘과 맞닿은 바이칼 호수의 영기(靈氣)서린 갖가지 형상의 바위들과 가슴 저리는 절벽을 보려고 알혼 섬 이곳저곳을 6인승 지프를 타고 돌아 다녔다. 비포장 길이라 엉덩이가 아프다는 사람도 있었다.

저녁에는 이 알혼 섬에 새로 지었다는 호텔에서 1박하며 이름다운 풍광과 저녁노을을 바라보며 보드카 술잔을 기울였다. 바이칼을 찾아오기를 참 잘했다는 생각이 절로 드는 밤이었다.

다음날 '러시아의 파리'라는 이르쿠츠크로 다시 돌아와 시내 여러 곳을 둘러보았다. 그리고는 시베리아에서의 마지막 밤을 보냈다. 그날 밤 푸른 바이칼 호수와 아름다운 알혼 섬을 꿈에서 다시 본 듯하다.

## 몽골 테렐지 국립공원과 울란바토르

이르쿠츠크에서 마지막 밤을 보내고 나서 8월 27일 아침에 몽골행 종단열차를 타려고 기차역으로 갔다. 오전에는 약 3시간 동안 바이칼 호수를 바라보며 달렸다.

가다 서다를 반복하면서 스물 세시간 동안 밤을 지새며 달린 기차는 이튿날 아침 7시경에 몽골의 수도 울란바토르에 도착하였다. 국경을 통과하는데 여권 검사 등으로 2시간 이상 머무르기도 했는데, 한국 인천공항의 출입국 절차를 다시 한 번 고맙게 생각되었다.

지금의 몽골(Mongolia)은 한때 외몽골이라고 불리던 지역에 20세기 초에 구소련의 도움으로 사회주의국가로 독립한 나라이다. 그 면적은 150만㎢가 넘어 한국(남한)의 15배가 넘지만, 인구는 3백만 명이 조금 넘는 수준이고, 그 가운데 절반 이상이 수도인 울란바토르에 산다고 한다.

한국을 다녀간 사람이 인구의 10% 이상이어서 한국말을 하는 사람도 많다. 외모도 우리와 비슷해서 친근감이 있고, 음식도 우리 입맛에 거부감이 적다. 한국말을 하는 아저씨의 천막 가게에서 나는 술 마신 아랫배를 따뜻하게 해주는 복대를 샀다.

울란바토르에서 비교적 가까운 테렐지 국립공원은 유네스코 문화유산으로 등재되어 있는데, 입구 가까운 곳에 있는 거대한 거북바위가 우리를 맞이해 주었다. 이곳은 무엇보다도 야생화 천국이었다.

꽃을 좋아하는 이들은 이맘때 절정을 이루는 야생화들을 보려고 이곳을 찾기도 한다고 한다. 우리 일행 중에도 야생화 전문가이자 제주도에서 야생화 동산인 방림원(方林園)을 운영하고 있는 방한숙 원장도 야생화를 찾아다니느라 다른 경치는 스쳐 지나가는 듯했다.

초원에서의 승마(乘馬) 체험도 즐거운 추억으로 남는다. 나는 1시간만 타고 돌아왔다. 나와 같이 하기로 약속한 친구가 2시간을 타고 돌아오더니, 그 사이에 소낙비를 맞아 온몸이 흠씬 젖은 데다가 사타구니가 아프다는 엄살을 떨어서, 나는 약속을 어긴 벌을 받은 것이라고 놀려 주었다.

승마를 일찍 마쳐서 생긴 1시간의 여유 시간에 나는 초원을 돌아다니다가, 독수리 사냥 흉내를 내는 곳을 발견했다. 2달러를 지불하고 사냥 독수리를 오른손 주먹 위에 올려놓고 상하로 흔들면서 독수리가 퍼덕이는 모습을 즐겼다. 잠시 송골매 사냥꾼 흉내를 내어본 모습을 친구 부인이 동영상으로 촬영해 주어서 오래 기억에 남게 되었다.

초원의 리조트 호텔에서 하룻밤을 묵으며, 양고기와 말고기를 비롯한 다양한 유목민의 음식을 즐겼다. 이 자리에서도 사무총장 柳村이 조달해 주는 보드카는 변함없이 제공되었다. 그러다가 밤 10시경에는 동산에 올라 쏟아지는 별들을 바라보며, 나의 별자리〔奎〕는 서쪽 첫머리 어디일까 가늠해 보기도 하였다.

다음날 우리는 미국 자유의 여신상(45m)보다 높다는 60m 높이의 칭기스 칸(Chingiz Khan) 기마 동상을 만났다. 동상 내부에 설치된 엘리베이터를 타고 올라가 전망대에서 주변을 둘러보았다. 말을 타고 앉아있는 영웅의 시야가 사방으로 탁 트였다.

13세기 무렵 역사상 가장 큰 세계제국을 건설했던 칭기스 칸의 나라 몽골은 우랄알타이(Ural-Altai)어를 공유하면서 우리 한민족과도 연관성을 가지고 있다. 또한 원(元)나라 때에는 고려 왕실과 통혼하기도 하였다.

더 고대로 올라가면, 기원전 4세기부터 500여 년간 중국의 한(漢)나라 등을 괴롭히며, 중국 4대 미인의 하나인 왕소군(王昭君)에게 춘래불사춘(春來不似春)의 애환을 남기기도 하였고, 만리장성을 쌓도록 하는 계기가 되기도 하였다.

뿐만 아니라 당시의 흉노족(匈奴族)은 신라 왕족과도 밀접한 관련이 있다고 한다. 신라 고분을 보면 5~6세기부터 기존의 무덤

양식과 다르다는 것을 알 수 있고, 특히 '出'자 모양의 왕관을 비롯한 북방 계열의 유물이 출토되면서, 우리 민족과 몽골 민족의 연관성이 확인되고 있다고 한다.

심지어 몽골 민족의 유전자는 아시아 대륙뿐만이 아니라 북미의 인디언과 남미의 인디오에게서도 발견된다고 하니, 아시아 대륙의 중심이었던 몽골 초원의 향수를 다시 생각하게 한다. 내 몸에도 그 유전자가 흐르고 있을 것이기 때문일까?

이런 저런 공상을 하면서, 기회가 되면 몽골만 다시 한 번 여행하고 싶다는 생각도 들었다. 몽골이 좋다며 자주 방문하는 친구 차산(借山)에게 연락해 보아야겠다. 몽골의 사막 체험과 초원의 천막 집 게르(Ger)에서 별을 헤아리며 며칠 밤을 묵는 것도 좋은 여행이 되지 않을까 싶다.

(여행기간: 2019.8.23.~8.31/ 7박 9일)

# 달과 그림자

강남시니어플라자의 문화답사반 일행은 8월의 무더위를 아랑곳하지 않고 경북 안동(安東)으로 출발하였다. 이번에는 여러 번 방문했던 하회(河回) 마을이나 퇴계(退溪) 고택보다는 안동댐 상부에 있는 월영교(月映橋)에 관심이 많았다.

이 다리는 안동댐이 건설되고 나서 2003년에 세워졌는데, 너비 3.6m 길이 387m로, 우리나라에서는 가장 긴 나무(木柵) 인도교라고 한다. 주변 풍광이 좋고 전해오는 아름다운 이야기들도 많이 얽혀있다.

그런데 월영(月映)이란 하늘에 떠오른 달이 강이나 호수에 직접 비추어지는 달의 모습을 이르는 말이다. 달빛으로 생겨난 그림자를 뜻하는 월영(月影)과는 구분된다.

다시 말하면 달의 모습이 직접 호수나 강물에 비추어져서 나타난 것은 '비출 영(映)'자를 쓰고, 밝은 달빛을 받아 생긴 정자나 나무가 물에 비춰진 것은 '그림자 영(影)'을 쓰는 것으로 구분할 수 있겠다.

예를 들어 안동에는 월영교(月映橋)와 월영각(月映閣)이 있는 반면에, 서울 강북구의 꿈의 숲과 마산 경남대 캠퍼스에는 각각 월영지(月影池)가 있다. 달이 물에 비춰진 모습을 본다는 것인지, 달빛으로 생겨난 물체의 그림자를 본다는 것인지 구분하기가 힘들다.

나는 월영지(月影池)라는 이름과 관련된 잊지 못할 소중한 추억이 있다. 그것은 내가 새천년(2000년) 초에 한국전력 강릉지사장으로 부임했을 때의 일이다.

20세기 말엽에 관동9경(關東九景)을 표방하며 고전 건축양식을 현대 건축기술에 반영한 독특한 사옥을 신축하였으나, 여러 가지 사정으로 누각과 대문에 이름이 없는 채로 남아있었다. 나는 신봉승(辛奉承: 1933~2016) 선생을 비롯한 지역 인사와 한학자에게 자문(諮問)하여 모든 문루(門樓)의 이름을 결정하고, 현액(懸額)함으로써 구색(具色)을 모두 갖추게 한 일이 있다.(이와 관련한 자세한 내용은 강릉사랑문인회의 『강릉 가는 길』 제10집에 수록된 「관동9경 이야기」 참조)

이때에 본관과 별관을 연결하는 통로 오른쪽의 동산 아래에는 작은 연못이 우리나라 전통의 천원지방(天圓地方) 양식대로 만들어져 있었다. 그러나 이 아름다운 연못의 이름은 없었다.

나는 이 부근을 산책하다가, 연못 뒤편의 전산센터(創信閣) 건물의 원형 창문의 모습이 연못에 달처럼 비치는 모습을 보고는 무릎을 쳤다. 즉시 이 연못의 이름을 월영지(月影池)로 결정하였다. 이 이름이 영원하기를 기원하며 아담한 바윗돌에 깊이 새겨서 연못 귀퉁이에 세워두었다.

지금 회상해 보아도 흐뭇한 추억이다. 본관 건물 광영루(光瀛樓: 강릉의 옛 이름인 '임영'에 빛을 밝히는 누각)를 제외한 모든 부속 건물과 별관 및 대문들의 이름을 지어 현액(懸額)해 둔 관동9경 모두가 지역의 문화재로 시민들에게 사랑 받기를 기원해본다.

한여름에 안동에 가서 기다란 나무다리 월영교(月映橋)를 건너갔다가, 아름다운 추억으로 남아있는 강릉의 작은 월영지(月影池)를 회상하며, 올해의 지독했던 더위를 식혀본다. 즐거운 추억은 잠시 더위를 식혀줄 수도 있으니까.

(2018.9.8. 白露)

# 일본 나가사키 성지 탐방

천주교 청담동 성당 성지 순례단은 우리나라 111곳의 성지를 모두 답사하고 나서, 그분들이 주축이 되어 일본 최고의 천주교 성지가 많은 곳인 나가사키(長崎)를 찾아가기로 하였다. 나는 정규 회원인 아내를 따라 나섰다. 회장과 회원 다수와도 친분이 있어서 낯설지는 않았다.

이즈음의 서울의 날씨는 춘분(春分)이 지났는데도 두터운 옷을 입어야 할 만큼 쌀쌀한 데다가 미세먼지까지 극성이다. 잠시라도 따뜻하고 깨끗한 남쪽 지방에 다녀오고 싶은 터였다.

같은 아파트에 사는 동행 셋은 3월 22일 새벽 5시에 집을 나서서 인천공항으로 달려갔다. 6시 반 정각에 모이기로 약속된 3층 출국장 카운터에서 일행과 합류하였다. 먼저 와있던 사람들은 어떻게 1분도 안 틀리게 딱 맞추어 나타나느냐며 수군거렸다. 내심 우리 일행을 기다렸던 눈치지만, 약속 시간에 늦지는 않았으니 모른 체 했다. 잠시 후에 우리를 태운 비행기는 예정대로 규슈(九州)의 후쿠오카(福岡)를 향해 정시에 출발하였다.

규슈는 일본 열도를 구성하는 4대 섬 가운데 가장 남쪽에 있으며, 오키나와를 포함한 10개의 현(懸)으로 이루어진다. 면적은 남한(약 10만㎢)의 42%에 해당하며, 인구는 약 1천 5백만 명이다. 한국과는 지리적으로나 문화적으로 가장 가까운 지역이다.

그 가운데 나가사키(長崎)현은 규슈의 동남쪽에 깊은 내해(內海)를 가진 항구 도시이다. 쓰시마(對馬島)도 나가사키 현에 속한다. 16세기 중반에 총(銃)을 가진 포르투갈 상인들과 함께 들어온 신부님들이 가톨릭을 전파하기 시작하였으나, 1639년에는 영국 개신교 신자들과 함께 추방되었다. 특히 나가사키는 태평양전쟁 말기인 1945년 8월 9일에 히로시마에 이은 미국의 두 번째 원폭(原爆) 투하로도 잘 알려진 곳이다.

우리 일행은 첫날 후쿠오카에서 나가사키로 가는 길목에 있는 소토메(外海)에 먼저 들렀다. 이곳은 엔도 슈사쿠의 소설 『침묵』의 배경지이기도 하다. 시츠(出津) 성당과 빈민 구제에 앞장섰던 드로(프랑스인) 신부 기념관을 방문하고 나서 나가사카로 이동하였다.

주된 순례지인 이곳 나가사키에는 1900년대의 일본 개화기 모습이 많이 남아있다. 도로 한가운데를 다니는 전차도 그렇다. 주교좌 성당인 우라카미(浦上) 대성당(1969년 재건)과 1597년에 순교한 26성인의 기념비와 기념관이 인상 깊었다.

나가이 다카시(永井 隆) 박사(1909~1951)의 기념관 옆에 있는 서재 겸 생활 공간인 여기당(如己堂: 뇨코도)은 다다미 2장의 한칸방 집으로 북쪽벽에 향대, 책장을 달고 폭 약 85㎝, 길이 약2m의 침대가 있어, 일본인의 검소함을 보여주는 것 같았다. 일본 26성인들을 대표하는 세 성인의 유해가 안치된 필립보 성당을 방문하였다. 정면에서 바라본 오른쪽 탑은 성령의 은총을 상징하고, 왼쪽 탑은 성모님의 전구를 나타낸 조각가의 깊은 신심에 감동을 느꼈다.

약 150년 전(1864)에 고딕 양식으로 건축된 오우라(大浦) 천주당은 1597년에 순교한 26명의 포루투갈 선교사들을 포함한 천주교 신자들을 추모하기 위해 지어졌다. 일본에서 가장 오래된 성당이며, 2018년에 유네스코 세계문화유산으로 등록되었다. 이들 26

명은 1862년에 모두 시성(諡聖)되었고, 뒤에 16명이 추가로 시성되어 현재 일본에는 42인의 천주교 성인이 있다.(참고로 한국은 103위의 성인이 한꺼번에 시성된 놀라운 역사를 가지고 있다.)

이와 같은 일본의 천주교는 한국보다 이른 1549년에 프란치스코 하비에르 신부가 일본에 들어와 전교를 시작한 것이 효시라고 한다. 그러나 도쿠가와(德川) 막부시대인 1614년부터 1865년까지 약 250년 동안 박해를 받으며 숨어서 명맥을 이어갔다. 1868년 메이지 유신(明治 維新) 이후인 1876년에 와서야 외국의 항의로 금교령(禁敎領)이 공식적으로 해제되었다.

그러나 금교령이 풀렸어도 그리스도교 신자들은 자신을 드러내기를 꺼렸다. 그래서 일본 그리스도교의 특징인 '가쿠레 기리스탄(隱 切支丹: 숨어 있는 그리스도인)'이 대부분이며, 지금까지도 이러한 전통은 이어져오고 있다고 한다.(신자 가운데 약70%가 가쿠레이고, 그 가운데서도 4% 가량은 아직도 다가올 고난에 대비하여 자신을 숨긴 채 잠복 은둔 상태를 유지하고 있다고 한다. 지독한 일본인의 한 단면이 아닐까 싶다.)

또한 '후미에(踏繪: 성화 밟기)'도 기독교인 탄압에 사용된 악랄한 도구였다. 신자로 의심되는 사람들에게 십자가나 예수상을 새겨놓은 판자나 철판을 밟고 지나가게 하였다. 차마 밟지 못하는 사람들을 그리스도교 신자로 판정하여 처벌하였다.

나가사키에서 하룻밤을 묵고 난 다음날에 활화산과 온천으로 유명한 운젠(雲山) 지역으로 이동하여 두 번째 여장을 풀고, 따끈한 온천탕에서 몸을 녹였다. 다음날 수많은 신자들이 열탕(熱湯) 고문으로 순교한 운젠 온천 지옥을 돌아보았다. 그 열탕에서는 지금도 물이 끓으며 하얀 수증기를 내뿜고 있었다.

점심 식사를 마치고 나가사키 동북부의 히라도(平戶)의 타비라(田平) 성당에 들러 잠시 묵상 기도를 하였다. 이어 복자 니시겐가(西玄可) 가스팔 순교지와 이키즈키 박물관 등을 둘러 본 뒤에, 역시 온천이 있는 히라도의 란푸 호텔에 여장을 풀었다.

4일째 마지막 날에는 일본 가톨릭 신앙의 씨앗을 뿌린 성 프란치스코 하비에르 성당을 순례하고 나서, 점심 식사 후에는 첫날 비행기에서 내렸던 후쿠오카로 돌아갔다.

당초 예정으로는 후쿠오카에서 '공부의 신'을 모신 다자이후 텐마쿠 신사(神社)를 관람할 예정이었으나, 천주교 성지순례와는 성격상 적합하지 않다는 의견이 제시되어 방문을 생략하고 바로 공항으로 갔다. 그러나 나는 한편으로는 유일한 관광 프로그램이어서 조금 아쉽기도 하였다. 사진으로 보았던 고색창연(古色蒼然)한 목조 건축물과 오래된 고목 매화(梅花)나무들을 현장에서 보고 싶어서였다.

돌이켜보니 마지막 날 후쿠오카로 다시 돌아올 때까지 우리를 안내하고 깊이 있는 해설을 해준 이건숙(율리엣다) 수녀님의 차분하면서도 다정다감한 목소리가 오래 기억에 남는다. 한국의 예수성

심수녀회 소속으로 일본에 파견되어 20년 넘게 이곳에 계시면서 일본 성지 순례자들을 안내하고 해설하는 봉사도 묵묵히 수행하고 있다고 한다.

우리는 공항 대합실에 여유 있게 일찍 들어와 쉬면서 쇼핑도 하며 즐겼다. 아내는 손자가 좋아할만한 병아리빵 과자를 골랐다. 나는 16년째 함께 수련하고 있는 청담 국선도 단원들에게 나누어 줄 과자류를 샀다.

그런데 한참 기다려서 비행기 탑승 마감 시간이 다 되어가는데도 일행 가운데 자매님들 셋이 나타나지 않아서 속을 끓였다. 몇 차례 사람 찾는 안내방송이 나가고 마감 3분전에서야 허겁지겁 달려와 간신히 함께 돌아올 수 있었다. 이륙하고 나서 뒤에 앉은 J씨를 돌아다보니, 그때까지도 얼굴이 상기되고 놀란 표정이 남아 있었다. 나는 못 본 체하였지만, 얼마나 놀랐을까 싶었다. 여행 중에 일행과 따로 떨어져 한눈 팔다가는 놀랄 일이 생길 수도 있으니 조심해야겠다고 마음속으로 되뇌어 보았다.

이날 밤 10시가 지나서 인천공항에 내렸다. 짐을 신속히 찾고 나서 무사히 통관을 마쳤다. 미리 예약해둔 콜밴을 타고 자정을 넘기지 않고 집에 들어올 수 있었고, 빡빡했던 4일간의 일정은 잘 마무리 되었다.

(여행기간: 2019.3.22.~3.25/ 3박 4일)

# 영남 지역 성지순례와 마무리 순례

성지순례 동호회(회장: 송기범 요셉)는 두 번째로 2017년 2월부터 2019년 말까지 3개년 계획으로 우리나라 천주교 성지 111곳을 모두 순례하는 계획을 세우고 실행에 들어갔다. 아내는 이 단체의 회원으로서 매월 꾸준하게 순례에 참여하여 왔으나, 나는 1년에 두세 번 특별한 경우에만 따라나서는 비정규 순례자였다.

그러다 지난 8월 하순에 내 친구들과 7박 9일 동안 부부동반으로 함께 해외여행에 참여하는 바람에, 아내는 부득이 영남지역 네 곳의 성지순례에 참여하지 못하게 되었다. 그래서 이를 보충하려고 우리 부부는 시간을 내어 늦가을에 순례여행길에 올랐다.

출발은 서울 강남의 수서역에서 미리 예약해둔 고속열차(SRT)를 타고 부산으로 향했다. 처음 타보는 이 기차의 창밖으로 만추의 풍광이 빠르게 스쳐 지나갔다. 우리 부부가 오랜만에 함께하는 기차 여행이었다.

부산역에 도착해서 택시를 타고 수영구 광안로에 위치한 '수영장대(水營場臺)' 성지를 찾았다. 이곳은 1866년 병인박해(丙寅迫害) 당시 경상 좌수영이 있던 곳으로서, 많은 천주교안이 처형당한 순교 형장(刑場)이기도 하다.

수영장대를 둘러보고 나서 다시 택시를 타고 과거 부산의 중심지였던 동래를 지나, 금정구에 위치한 '오륜대(五倫臺)' 성지로 갔다. 이곳은 부산에서 순교하신 8분의 묘소와 한국 순교 성인 103위 중 26위의 유해를 안치한 '순교자 성당'이 있는 곳이다.

다음에는 고속버스로 대구교구 관할인 경주시 산내면의 산중턱에 위치한 '진목정' 성지로 갔다. 이 성지는 병인박해 때부터 박해를 피해 숨어 살았던 천주교신자들이 마을을 이루고 살았던 곳이다. 산중턱까지 가는 대중 교통편이 없어서, 산내 성당의 여직원에게 부탁하여 승용차를 얻어 타고 다녀온 것이 기억에 남는다. 가끔 우리같이 단독으로 찾아오는 순례자를 위해 봉사하는 여직원의 마음씨가 고마워 보였다. 그 여직원과 작별하고 나서, 버스 정류장에서 한 시간을 기다렸다가 대구로 가는 시외버스에 올랐다.

동대구역에 도착하니 날도 저물고 피곤하기도 하였다. 아침에 서울에서 출발하여 부산과 경주의 성지 3곳을 주마간산(走馬看山)으로 돌아 대구까지 왔으니 그럴 만도 하였다. 다음날 칠곡을 찾아가기에 가깝다는 이곳의 작은 호텔에서 여장을 풀고 곯아떨어졌다.

다음날 새벽에 일찍 잠이 깨었다. 골목길 입구의 해장국 집에서 간단한 아침 식사를 마치고 나서, 전철과 시외버스를 번갈아 타고 칠곡군 동명면에 도착하였다. 다시 택시를 불러 '한티 성지'까지 왕복하기로 하고 출발하였다.

'한티'는 '큰 고개'라는 뜻의 우리말인데, 한자로는 대치(大峙)라고도 불린다. 이곳은 박해를 피하려는 교우들이 팔공산(八公山) 중턱으로 숨어들어 살면서, 18세기 말경에는 제법 큰 교우촌(敎友村)을 형성하였던 곳이다. 그러다가 발각되어 당시의 공소 회장 부부를 비롯하여 확인된 순교자의 묘만 해도 37기가 남아있는 슬픈 곳이다.

이렇게 해서 영남지역의 네 곳 성지를 1박 2일 동안 알차게 돌아보고 서울로 돌아왔다. 낯선 곳을 안내자나 해설자 없이 직접 찾아다닌다는 것이 매우 힘든 일임을 다시 깨달았다. 성당에서 단체를 만들고 전문가가 함께 인도하는 것이 큰 도움이 된다는 것을 실감한 성지순례 길이었다.

청담동 성당 성지순례 동호회는 12월 초 서울지역에 남겨둔 2곳을 성지순례의 마무리 코스로 찾아 나섰다. 나도 유종의 미를 거두는 자리에 함께 따라 가기로 하였다.

먼저 찾은 곳은 관악구 호암로에 있는 '삼성산 성지'였다. 이곳은 1839년 기해박해 때에 군문효수형(軍門梟首刑)을 당한 조선교구 2대 교구장 성 앵베르 라우렌시오 주교님과 두 분의 외국인 신부님의 유해가 안치된 곳이다.

이어 마지막으로 찾아간 곳은 서울 중구 신당동의 '광희문 성지'와 새로 지은 순교자 현양관을 방문하였다. 원래 광희문(光熙門)은 동대문(興仁之門)과 남대문 사이에 지은 4소문 가운데 하나로, 도성 안 백성들의 시신을 성 밖으로 내보내는 출구여서 시구문(屍口門)으로 불리기도 하였다.

1801년(순조 1년) 신유박해 이후 한양도성 중부에 위치한 관청인 좌우 포도청과 형조 전옥(典獄) 및 의금부 등에서 순교한 수많은 시신들이, 이 문을 통해서 밖으로 운반되고 때로는 버려지기도 한 아픈 역사의 현장이다.

이 숙연한 역사가 서린 광희문 건너편에 작은 규모의 순교자 현양관(顯揚館)이 최근에 지어져 있는데, 이곳에서 성지순례를 완주한 기념미사를 올리며 모든 순교자들을 다시 묵상하였다. 이것으로 3년에 걸친 우리나라 111곳 성지순례 완주에 감사하며, 가벼운 발걸음을 옮겼다.

(여행기간: 영남지역: 2019.11.28.~29/ 서울지역: 2019.12.7)

㈜한국 천주교 성지순례 사목위원회(회장 임원태 주교)는 새로 발간된 『성지순례 증보판』을 통하여, 우리나라 성지를 111곳에서 167곳으로 조정하였다. (59곳 추가, 3곳 삭제)

4.

# 봉은사 탐매기(探梅記)

# 나리꽃에 받침대를 세워두고

초복이 지난 7월 중순까지 계속되던 장마가 잠시 주춤한 틈을 타서 공원 산책에 나섰다. 산마루 아래를 가로 지르는 작은 오솔길 끝자락에서 활짝 웃는 나리꽃 한 송이를 만났다. 주홍색 꽃송이는 물기를 흠뻑 머금어 머리가 무거운 듯 허리를 깊이 구부리고 있었다.

자세히 살펴보니 꽃대 하나에 모두 다섯 개 꽃송이가 매달려있었다. 그 가운데 가장 먼저 생겨나 맏이 격인 가장 아래 송이가 비 갠 틈을 타서 활짝 웃고 있다. 기다란 꽃대 위 부분에 매달린 네 동생들이 무거운 듯 허리를 잔뜩 구부린 모습이다.

나는 그 모습이 조금 안쓰러워서, 숲 속에서 Y자(한자로는 지게작대기 '아' 자) 모양의 나뭇가지를 가져와서, 부목(副木)으로 받쳐주었다. 이렇게 하고 나니 조금 안심이 되고 기분도 상쾌해졌다.

밤새 소낙비가 쏟아진 다음날 아침에 그 나리꽃의 안부가 궁금하여 그곳에 다시 가보았다. 다행히도 든든하게 받쳐둔 받침대 덕분에 그 꽃은 폭우를 견뎌내고 무사하였다. 더구나 하루 만에 둘째 송이도 활짝 피어서, 어제 핀 형과 경쟁하는 듯 보였다. 셋째도 밤새 주황색이 제법 짙어져서, "나도 내일 아침에 피어날 테니 꼭 보러 오세요." 하고 속삭이는 듯하였다. 나는 셋째에게 다시 올 것을 약속하고 즐거운 기분으로 돌아섰다.

그러고 보니 백합과에 속하는 나리꽃의 피는 모습이 내가 좋아하는 주정란(朱頂蘭: 아마릴리스)과 닮아있는 것을 알았다. 수줍어하면서도 화려란 자태가 매우 비슷하다.

속삭이는 나리꽃들의 안부를 확인하고 비밀 대화를 나눈 일에 대하여, 혼자서 미소를 머금고 흐뭇해하면서 언덕길을 내려왔다. 외로워 보이던 그 꽃 한 그루를 위해 세워준 부목으로 인하여, 내 마음에도 위로가 되고 이 무더위도 조금 가벼워진 느낌이 든다.

시절이 그렇구나! 비바람 속에서 새로 피어난 나리꽃이여! 그리고 보궐선거로 새로 출발해서 어딘가 서툴러 보이는 새 정부여! 한여름 비바람에도 제발 무사하기를 기원해 본다.

(2017.7.16)

# 봉은사 탐매기(探梅記)

봄의 전령(傳令)으로 불리는 매화(梅花)가 가장 먼저 피는 고장으로 자칭하는 곳이 전라도 섬진강 주변에 여럿 있다. 봄이 오는 기미가 보이면 서로 매화꽃 자랑이 시작된다.

매곡(梅谷)이라는 이름에서 알 수 있듯이, 전남 순천시 매곡동은 '붉은 매화(紅梅)'로 유명하다. 금년(2018)에는 전국에서 가장 이른 3월 9일에 매화 축제를 열었다고 한다.

또한 매화 축제 1번지를 자처하는 곳은 섬진강변에 위치한 '광양 매화 마을'이다. 행정 구역으로는 광양시 고암면인데, 여기는 '흰 매화(白梅)'밭이 넓게 펼쳐져 있다. 올해(2018) 매화 축제는 3월 17일부터 25일까지 열렸는데, 100만 인파가 다녀갔다는 소식이 전해졌다.

내가 태어난 고향도 매화리(梅花里)이다. 새 주소로는 경북 울진군 '매화면 매화동산길'이다. 그래서 매화초등학교 시절부터 교가

(校歌)에 나오는 매화와 친숙해졌다. 그리고 내 아호도 매화 고을에서 태어난 헌헌장부(軒軒丈夫)가 되겠다고 다짐하며, 젊은 시절부터 일찍이 조금 건방지게 매헌(梅軒)으로 지어 부르고 있다.

이것은 조선조 후기의 화가로서 매화서옥도(梅花書屋圖)로 유명한 조희룡(1789~1866) 선생이 스스로를 '매화 늙은이'라는 뜻으로 매수(梅叟: 늙은이 수)라고 하였던 것을 흉내 낸 것은 절대로 아니다. 추사(秋史)의 제자로서 평생 매화를 그리다가 흰머리기 되었다고 고백할 만큼 매화를 매우 좋아하였음을 고백한 매수 선생을 어찌 감히 흉내를 내었겠는가.

더구나 "저 매화 분(盆)에 물 주어라."라는 유언을 남기고 돌아가신 퇴계(退溪) 선생의 경지는 더욱 아니고. 더구나 윤봉길(尹奉吉) 의사의 아호를 빌린 것도 더더욱 아니고.

이런 옛일을 반추(反芻)하다가, 집에서 그리 멀지 않은 봉은사(奉恩寺) 뒤뜰 홍매(紅梅)의 근황이 궁금해졌다. 해마다 이맘때면 찾아보는 나만의 탐매(探梅) 행차다.

광양 매화 축제가 끝났다는 3월 25일 오후에 집을 나섰다. 작은 전각 앞마당에서 화려하게 피어나던 그 모습을 그리면서.

그러나 봉은사 매화는 이제 막 피어날 준비를 하고 있는 듯한 모습이었다. 아마도 서울에 찾아왔던 3월 하순의 늦추위 때문인 것 같다. 전각 뒤편의 매화나무도 마찬가지였다. 며칠 뒤에 다시 오기로 다짐하고 서운한 마음으로 돌아섰다.

그러던 참에 봉은사 인근에 사는 사진작가 친구 유촌(柳村)이 카톡방에 봉은사의 화사한 매화 사진을 여러 장 올렸다. 언제 촬영한 것이냐고 물으니, 이틀 전에 촬영한 것이라고 한다. 이미 지기 시작했을 것이니, 꽃을 보려면 오늘이라도 빨리 가보라고 한다.

나는 마음이 급해져서 서둘러 집을 나섰다. 그날은 금년 부활절 다음날인 4월 2일이었다. 그러나 3월말에 찾아온 며칠간의 이상고온으로 그 사이에 매화는 당초 예상보다 더 일찍 활짝 피었다가, 이제는 이미 시들어가고 있었다. 붉고 화려한 홍매의 한창 때 모습을 보지 못한 것이 매우 큰 아쉬움으로 남았다.

그러나 지고 만 꽃을 어쩌란 말인가. 화무십일홍(花無十日紅)인 것을. 다만 쓸어내지 않고 남겨둔 낙화(落花)를 고마워하며 바라볼 수밖에 도리가 없지 않은가. 그리고 내년을 또 기약할 밖에는.

그 대신 서울에서는 4월 7일에 만개(滿開: 여의도 윤중제 벚나무 기준)하리라고 예보된 벚꽃이 여기저기에서 거의 다 피어나고 있었다. 이런 추세라면 꽃구경에 때맞추기도 점점 어려워질 모양이다.

하기는 꽃들이 언제 나의 시간을 기다려 피고 졌다던가. 그저 자기들이 이때다 싶으면 저절로 피고 또 지는 것일 뿐이지. 다만 내 마음속에 화려한 매화꽃이 영원히 피어 있으면 그만인 것을.

(2018.4.2)

# 산수유(山茱萸) 추억

산수유는 이른 새봄 추위 속에서 샛노랗게 피어나 애처롭게 보인다. 같은 시기에 피는 생강나무와 비슷하며, 추위를 이겨내는 그 모습은 강인(强忍)하다. 나는 어릴 때부터 보아온 이 꽃을 가끔 회상하며 좋아한다.

우선 고향집 남쪽 화단 가장자리에 고목이 된 산수유나무가 무척 그립다. 그 나무를 가꾸신 아버지는 이른 봄에 피는 노란 꽃보다, 늦가을에 서리 맞으며 빨갛게 익어가는 열매를 더 예쁘고 귀하게 여긴 듯 하다. 이것은 산수유 열매가 유용한 약재(藥材)로 사용되었기 때문이다.

또 다른 내 짐작의 하나는 애주가였던 아버지에게는 잘 익은 산수유가 빛깔 고운 술을 빚는 데에도 유용했기 때문일 것으로 추측한다. 어린 시절 몰래 한 모금을 마셔본 뒤에 느꼈던 알큰한 그 향기는 아직도 내 혀끝에 남아있는 것처럼 아련하다.

이렇게 돌아가신 아버지와 관련된 산수유의 추억은 김종길 시인(1926~2017)의 시 『성탄제』에도 잘 나타나 있다.

아픈 어린 아들을 위해 눈을 헤치고 산속에서 산수유를 따오신 아버지에 대한 추억이 생생하게 살아있다.

아버지가 눈을 헤치고 따오신
그 붉은 산수유 열매……
서러운 서른 살 나의 이마에
불현듯 아버지의 서느런 옷자락을 느끼는 것은
눈 속에 따오신 산수유 붉은 알알이
아직도 내 혈액 속에 녹아 흐르는 까닭일까

나이가 들어가면서 내가 직접 겪은 추억도 있다. 30여 년을 눌러앉아 있는 청담공원 언덕에다 강남구청의 권유를 받아들여 산수유를 심어둔 일이다. 손자의 이름으로 명패를 달아두고, 우리 가족의 공동 기념식수로 여기고 있다.

산책길에서는 나도 모르게 그 나무 앞을 지나며 쳐다보게 된다. 가끔 비료도 뿌려주고, 잡초를 뽑아주기도 한다. 가을에는 빠알간 산수유를 조금 따 와서 술을 담궈 보는 재미도 쏠쏠하다. 어떤 때는 술을 마시는지 추억을 마시는지 분간이 안 되기도 하지만….

그러다가 종심(從心)의 나이에 수필가로 등단(登壇)하고, 첫 수필집을 내면서 고른 책의 제목이 『산수유 심은 뜻은』이다. 그것은 지난날 내가 쓴 다른 수필의 제목을 책자의 표제(表題)로 선택한 까닭이다.(이 수필집은 2015년 12월 15일에 재판이 출간되었다.)

이렇게 아이의 효심(孝心)과 아비의 내리사랑을 함께 나타내는 산수유에 대한 나의 사랑은 계속 이어져 오고 있고, 앞으로도 변함이 없을 것이다. 그것은 산수유의 꽃말처럼, 나의 소망도 '영원한 사랑'을 갈망이기 때문이다.

(2017.11.7. 立冬)

# 담쟁이 덩굴의 아름다움

우리 동네에는 담쟁이 덩굴(또는 넝쿨, 덩쿨은 비표준어)이 멋스럽게 덮인 건물이 몇 군데가 있다. 이 강인한 식물의 모습은 몇 가지 추억과 상념을 자아내게 하여 최근에 다시 흥미를 가지게 되었다.

본래 담쟁이는 이름처럼 담장을 타고 오르는 덩굴식물로 포도과에 속한다. 담쟁이는 옛날 양반집을 둘러친 담장을 고풍스럽게 장식했던 식물이기도 하다. 내가 어린 시절을 보낸 시골집 토담에도 담쟁이가 덮여 있었다.

서양에서도 이 담쟁이 덩굴은 미국 동부 명문대학교 건물벽을 타고 올라서, 8개 명문 대학을 아이비(Ivy)리그라는 별칭을 얻게 하기도 하였다. 또한 오 헨리(O Henry)의 『마지막 잎새』라는 감동적인 작품에 등장하는 식물이기도 하다. 그래서인지 이 담쟁이의 꽃말은 '우정'이라고 한다.

담쟁이는 여러 가지 다른 이름으로 불리기도 한다. 청라(青蘿)는 푸른 담쟁이라는 뜻이고, 파산호(爬山虎)는 산을 긁는 호랑이라는 뜻이다. 장춘등(長春藤)이라고도 하며, 지금(地錦)은 땅 비단이라는 뜻인데 한약재로 쓰일 때의 명칭이다.

내가 40년 가까이 정 붙이며 살아가고 있는 우리 동네에도 담쟁이가 유명한 건물들이 있다. 교회 건물로는 장충동의 경동교회보다는 못하지만, 골목 시장 쪽에 있는 장로교 청담교회 건물의 뒷벽과 인접한 2층 단독주택의 앞면이 담쟁이 덩굴에 뒤덮여있어, 여름과 가을에 운치를 더해준다.

주택 건물로는 청담동 54번지(도산대로 102길)의 오래된 단층 건물의 담장을 휘어감은 담쟁이 덩굴이 풍성하다. 이 집 모서리에서 있는 통신전주에는 능소화(凌霄花)도 자라고 있어서 잘 어울린다. 아마도 운치를 아는 사람이 그곳에 오래 정 붙이고 살아가는 집인가 싶다.

그 인근 3층 건물 붉은 벽돌집 벽면을 기어오른 담쟁이도 무성하다. 예술을 하는 사람들이 모여 살고 있는 것으로 알려져 있다.

또 이 집의 특이한 점은 벽면 아래쪽에 한자로 고전 글귀를 새긴 화강석이 붉은 벽돌 사이에 끼어 함께 있다는 점이다. '愛人者卽人愛之(애인자즉인애지)'는 '남을 사랑하는 사람은 곧 남에게서 사랑을 돌려받게 된다'는 뜻으로, 공자가어(孔子家語)에 있는 말이다. 가까이 다가가서 주의 깊게 살펴보아야 눈에 띈다.

또 하나의 명물 담쟁이 덩굴은 내가 사는 아파트 단지와 길 하나를 경계로 이웃한 다른 아파트 단지의 담장과 철제 울타리를 타고 오르는 무성한 미국담쟁이 덩굴(Virginia Creeper)이다. 한국 담쟁이보다 잎이 크고 줄기도 무성한데, 미제(美製)라서 그렇다고 웃기는 사람도 있다.

이 미국 담쟁이가 늦가을에 붉게 물드는 단풍의 모습은 정말 아름답다. 잘 물든 단풍이 웬만한 봄꽃보다 아름다울 수도 있다는 말이 실감난다. 나는 지나다니는 길에 몇 잎 따다가 노란 가을 국화와 함께 꽃병에 꽂아두고 감상하며 만추를 보낸다.

이제 인생의 가을을 맞이하고 있으니, 저 단풍처럼 아름답게 물들어가기를 소망하며, 쓸쓸함이 묻어나는 가을을 보내고 있다.

(2019.11)

# 도토리 이야기

서울 강남 도심(都心)에 자연림의 형태로 남아있는 청담공원에 가을이 여물어가면 도토리를 흔하게 볼 수 있다. 크고 작은 여러 종류의 참나무 종류가 많기 때문이다.

그런데 이 도토리를 대하는 사람들의 태도는 서로 다르다. 춘궁기(春窮期)를 경험했던 나이 지긋한 노인들 가운데 상당수는 미리 비닐봉지까지 준비해 와서 도토리를 주워 모은다. 또 어떤 사람은 길가에 떨어져있는 도토리를 주워서 다른 사람이 주워가지 못하도록 숲 속으로 던져 버리는가 하면, 그런 숲 속에 들어가 낙엽을 헤치며 열심히 도토리를 찾는 사람도 있고, 길 가의 도토리에는 관심을 주지 않고 그냥 지나쳐가는 사람도 있다.

그러던 어느 날 공원 아래쪽 시비(詩碑) 광장 언덕길 옆에서 구부정한 허리를 간신히 움직여 도토리를 찾고 있는 백발의 할머니를 만났다. 나는 금방 주운 도토리 3알을 그 할머니에 건네주었다. 그 할머니는 고맙다고 굽은 허리를 더 굽히며 인사하였다.

건네준 도토리 양에 비하여 과도한 인사를 받은 나는 오히려 민망해졌다. 그 지나친 인사에 보답하려고 나만 아는 도토리가 모이는 곳에 가보았다. 사람들의 발길이 잘 닿지 않는 청소년수련관 뒤쪽 도랑에는 도토리가 여러 개 굴러 들어와 있는 경우가 있기 때문이다.

그곳에서 도토리 20여 개를 주워 그 할머니에게 다시 건넸더니, 또 깊숙이 허리를 굽히며 고마워했다. 나는 흐뭇한 마음으로 할머니를 뒤로하고 돌아섰다.

그런데 실은 나도 똘똘하게 잘 여문 도토리를 한 주먹 주워 따로 모아 두었다. 올해 가을의 세 차례 태풍을 못 견디고 쓰러져 잘려나간 떡갈나무 고목이 있던 자리와, 내가 청수봉(淸水峰)으로 명명해둔 공원 정상 봉우리 동족 언덕길가에 심어 두기 위해서였다.

어릴 적 시골 논두렁에 끝이 뾰족한 막대기로 구멍을 내고 두 개씩 콩알을 심던 기억을 떠올리면서, 그 방법대로 남이 모르게 스무 군데 가량 구멍을 내고 도토리를 묻어두었다. 내년 봄에 새싹이 돋아나기를 기대하면서….

아직 금년 가을이 다 지나가지도 않았건만, 어서 겨울도 지나가고 새봄이 오기를 바라는 조급함이 생겨난다. 속으로 혼자 웃으며 저무는 가을날의 추억을 공원 길가에 몰래 새겨두었다.

그러다가 자세히 살펴보니 도토리들의 모양과 크기가 다르다는 것을 발견하였다. 몸통이 굵고 동그란 것이 있는가 하면 길쭉한 것도 있고, 덮개의 모양도 서로 다르다.

자료를 찾아보니 '참나무'라는 구체적인 나무는 없고, '참나무과-참나무속'에 속하는 나무들의 총칭이 참나무라고 한다. 다시 말하면 참나무는 특정한 나무를 가리키는 것이 아니라, 참나무 과에 속하는 6종류 나무들 모두를 가리키는 이름이다. 구체적으로는 신갈-떡갈-상수리나무와 갈참-줄참-굴참나무 등 6종의 나무를 총칭하는 이름이 '참나무'라고 한다.

'도토리'도 참나무 류 열매의 총칭이어서, 졸참나무 열매는 '꿀밤'이라 하고, 상수리나무 열매는 '상수리'라고 구분해 부르기도 한다고 한다.

또 다른 의미의 '꿀밤'은 '도토리' 또는 '굴밤'의 방언이기도 하지지만, 어른들이 가운데 손가락이 볼록 튀어나오게 주먹을 쥐고, 아이들의 마리를 가볍게 쥐어박는 일을 뜻하기도 한다.

깊어가는 가을밤에 도토리 타령을 늘어놓다 보니, 잘 빚은 도토리묵에 맛난 양념을 해서, 시원한 막걸리 한잔 하고 싶다.

(2019.11)

# 공원의 까치와 비둘기

서울 강남 도심(都心)에 위치해 있으면서도 자연의 모습이 많이 남아있는 청담공원은 인근 주민들의 사랑을 듬뿍 받고 있는 산책로이자 쉼터이기도 하다. 봄여름에는 인공으로 끌어올린 지하수를 계곡 상류에서 흘려보내는 실개천의 맑은 물소리가 운치를 더해주며 청량감도 준다.

이 자연공원의 능선과 계곡을 번갈아 걸어 다닐 때나 운동시설이 있는 작은 마당 근처에서는 이곳을 터전으로 살아가는 비둘기와 까치를 자주 만난다. 이 두 종류의 새들이 사람을 대하는 태도는 많이 다르다.

어느 날 잣나무 숲길 옆에서 혼자 졸고 있는 비둘기를 만났다. 껍질이 딱딱한 잣을 통째로 삼켜버렸는지, 내가 다가가도 저를 해치지 않을 것을 안다는 듯이, 비둘기는 못 본 체하고 계속 눈을 감고 머리를 꾸벅거리기까지 하였다.

그때 까치가 두 발로 깡충거리며 다가오자, 이 비둘기는 언제 졸았더냐 싶게 화들짝 놀라며 날아가 버렸다. 실제로 둘이 맞붙어 싸우면 누가 이기는지 모르지만, 내가 보기에는 비둘기가 먼저 양보하는 것 같았다.

평화의 상징이라고도 하는 비둘기는 오솔길에서 사람을 만나도 멀리 날아가지 않고, 그 자리를 잠시 비켜주는 시늉만 하는 경우가 많다. 심지어 도심공원 근처에서 사는 비둘기들은 사람을 보면 먹을 것을 달라고 모여들기까지 한다.

그런데 까치는 영리한데다가 경계심도 매우 높아서 사람과 눈길만 마주쳐도 날아가 버린다. 더구나 시골 동네 어귀에 사는 까치는 동네 사람들의 얼굴을 모두 기억하고 있어서, 낯선 사람이 나타나면 경계의 신호를 보내려고 날카롭게 깍깍거리며 운다. 그래서 '까치가 울면 반가운 손님이 온다'는 옛말이 전해온다.

까치는 참새 목 까마귀 과에 속하는 텃새로서 소규모 무리 생활을 하며, 반경 2㎞정도의 관할 구역도 있다고 한다. 수년 전 음력 정월 대보름 즈음에 청담공원 정상부근의 나목(裸木) 주변에 100여 마리나 되어 보이는 까치들이 무리 지어 주변을 날아다니면서 함께 깍깍거리는 모습을 관찰한 기억이 있다. 아마도 연차(年次) 총회를 열어 지난해에 태어나 성장한 새끼들의 분가와 새해의 관할구역 재설정을 의논한 것으로 나 혼자 짐작하였다.

또한 공원의 간이 체육시설과 청소년수련관 사이의 상수리나무

꼭대기에는 오래된 까치둥지가 있다. 까치는 사용하던 둥지를 해마다 보수하여 다시 사용한다고 하는데, 올해도 여기서 새끼를 기르는 모양이다. 내가 둥지를 쳐다보면서 좀 날카롭게 휘파람을 불면, 어디선가 날아와 주변을 맴돌면서 시끄럽게 울며 경계를 한다.

5월 중순에 접어들어 녹음이 짙어져 둥지가 가려지면, 휘파람을 불어도 응답이 없을 때가 많다. 이미 새끼들을 데리고 둥지를 떠났는지도 모르겠다. 까치들도 익숙해진 휘파람 소리가 위협이 되지 않는 것을 알아서, 이제 무시해도 좋다는 것을 학습한 모양이다. 나는 응답하지 없는 까치가 좀 서운하게 느껴지기도 하지만 어쩔 도리가 없다.

여름이 깊어지면 까치에게는 할 일이 또 하나가 있다. 옥황상제의 노여움을 사서 은하수를 가운데 두고 양쪽으로 갈라져 살아가는 목동인 견우(牽牛)와 삼베 짜는 직녀(織女)가 서로 만날 수 있도록 도와주는 일이다. 칠석(七夕)이 되면 까치는 까마귀와 함께 하늘 높이 날아올라가서, 은하수를 건너는 오작교(烏鵲橋)를 머리로 떠받쳐서 두 연인이 서로 만나 사랑을 나눌 수 있게 해준다는 설화가 전해온다.

이렇게 오작교를 머리로 받쳐주느라고 여름이 지나면 까치의 머리털이 거의 다 빠져서 듬성듬성해진다고 한다. 그래서 '칠석날 까치 대가리 같다'는 속담이 생겨났다.

이제 그러고 보니 칠석(음력 7월 7일)날의 까치 대가리가 문제가 아니라, 희수(喜壽: 나이 77세)가 멀지 않는 요즈음의 내 정수리가 꼭 그 모양이 되어가고 있다. 그러니 한여름날의 까치 '대가리'를 흉볼 일이 아니라, 내 '정수리'가 더 걱정거리가 아닌가 싶다.

(2019 여름)

# 끝이 곧 시작이다

겨울이 깊어가는 듯싶더니 어느덧 마지막 절후(節候)인 대한(大寒)이 되었다. 글자의 뜻으로는 가장 추운 때라는 뜻이지만, 서울 이남에서는 그 위세를 소한(小寒)에게 넘겨준 지 오래 되었다.

그래서 '춥지 않은 소한이 없고, 포근하지 않은 대한도 없다'고 한다. 또 '대한이 소한 집에 놀러 갔다가 얼어 죽었다'느니, '소한 얼음이 대한에 녹는다'느니 한다.

또한 계절이 바뀌기 시작한다는 입춘-입하-입추-입동의 하루 전 날을 절분(節分)이라 한다. 다음날부터는 계절이 바뀌기 때문이다. 그러나 일본에서는 입춘 하루 전날만을 절분이라 하여 해넘이 의식이 전해지고 있다고 한다.

우리나라 제주도에서는 대한이 지난 5일에서 입춘 전 3일까지를 신구간(新舊間)이라 하며, 이 기간에 집을 고치거나 이사를 하여도 뒤탈이 없다는 풍습이 전해지고 있다. 이 시기에는 인간의 길흉화복을 관장하는 귀신들이 임무 교대를 위해 하늘로 올라갔기 때문이라는 속설(俗說)이 있기 때문이다. 아마도 농번기가 다가오기 전 일손이 한가할 때에 잡다한 가정사를 정리해 두기 위한 지혜일 것이다.

그리고 양력으로 1월 하순에 대한 절기를 배정한 것은 겨울이 곧 끝난다는 의미이고, 2월 초순에 드는 입춘은 이제 곧 봄이 올 것이라는 신호다. 그런데 추위의 맹위가 가끔은 입춘 후에 닥칠 때도 있지만, 그것은 지구가 계속 돌고 있기 때문에 바람도 일정하지 않아서 생긴 일일 뿐이다. 새벽이 가면 아침이 오듯이 겨울이 가면 틀림없이 봄이 온다.

겨울방학이 끝나가는 것을 아쉬워하는 초등 1학년 손자에게 "끝이 곧 시작이다."라고 했더니, 무슨 소리냐고 되묻는다. 그래서 1학년이 끝나면 2학년이 시작되고, 초등학교를 마치면 중학교가 시작되고, 고등학교를 마치면 대학생이 되고, 그렇게 시작과 끝이 반복되는 것이 우리들의 인생이라고 했더니, 알아들은 듯이 고개를 끄덕인다.

그러나 젊음이 끝나면 늙음이 슬금슬금 찾아오고, 늙음이 깊어지면 다른 세상으로 가서 아마도 새로운 삶을 시작하게 된다는 말은 해주지 않았다. 그런 것을 이해하기에는 아직 너무도 어린 나이이기 때문이다.

그렇다. 나는 이제 무르익어가는 세월을 잘 숙성시켜가면서 슬기로운 마무리를 준비해야 한다. 다음 세상에서의 새로운 삶에 대한 설계도 충실히 준비해야 하는 때가 다가오고 있음을 느낀다. 그러나 겨울 추위가 힘을 쓰지 못하고 있다고 해서 겨울이 끝난 것은 아니다. 아직은 겨울임이 틀림없다.

그러니 나라에서 경유자동차를 장려해놓고 나서 공중에 떠다니는 중금속 화학물질을 미세먼지(PM: Particulate Matter)라고 얼버무리거나, 에너지 자원 빈곤국가에서 탈원전(脫原電)을 하겠다느니 하는 허구(虛構) 속에서도 저물어가는 무술년(戊戌年)을 막을 수가 없다.

이제 입춘(2월 4일)과 하루 사이인 음력 새해 설날(2월 5일)이나 잘 맞이할 준비나 해야겠다. 황금 돼지해에는 나라에도 가정에도 좋은 일이 생길지도 모르니까.

(2019.1.27)

# 봄은 언제부터인가

남쪽 섬진강변의 꽃 소식이 전해진 지 한참 지났고, 서울 강남의 봉은사 홍매(紅梅)도 거의 다 지고 있는데, '봄다운 봄'은 어디까지 와있는지 모르겠다. 제법 화창하다 싶다가도 다시 쌀쌀해져서 겨울 외투를 벗어 던질 수가 없다. 도대체 봄은 언제 오려는가?

계절이 바뀌는 첫 번째 원인은 지구의 자전축이 기울어져 태양 주위를 공전(公轉)에 따라 태양의 온도와 일출 일몰 시간이 변화하기 때문이라고 설명한다. 그러나 보통 사람은 지구가 움직이는 것을 느낄 수가 없다.

그러함에도 오래전부터 한 해를 24절기(節氣)로 나누어 계절을 구분하는 방법은 탁월한 지혜의 하나라고 할 수 있다. 다만 고대 중국의 주(周) 나라 시대부터 사용해온 절기는 중국 하북(河北: 허베이) 지방의 기후를 기준으로 한 것이어서 한국과는 다소 차이가 있다. 현재의 북경은 북위 39도선상이어서 우리나라 신의주와 비슷한 위도이다. 그러니 서울이나 부산과는 기온의 차이가 날 수밖에 없다. 게다가 입춘(立春) 절기는 '봄이 들어섰다'는 말이 아니라, 이제 머지않아 '봄이 올 예정이다'는 뜻이라 한다.

두 번째 계절 구분 방법은 1년 12달을 공평하게 4등분하는 방식이다. 이 기준으로는 양력 3월 1일부터를 봄으로 친다. 24절기와 비교하면 경칩(驚蟄: 3월 5일경)과 가깝다.

세 번째는 천문학(天文學)적 방식이다. 봄의 시작을 낮과 밤의 길이가 같아지는 춘분(春分: 3월 20일경)부터를 봄으로 본다. 하지(夏至: 6월 20일경)부터는 여름이 된다.

네 번째는 가장 합리적인 기상학(氣象學)적 기준(氣溫 기준)이 일상생활과 가장 밀접하다. 기상학적인 봄의 정의는 '9일간의 평균기온이 섭씨 영상5도 이상으로 올라가서 다시 떨어지지 않은 첫날'부터라고 규정한다. 이 기준으로 현재 서울의 봄은 3월 12일(부산은 3월 9일)경에 시작된 것으로 본다. 절기상으로는 경칩과 춘분 사이에 해당된다.

이 기온 기준에 따르면 20세기 초(1901~1910)에는 3월 29일부터 봄이 시작되었으나, 지구온난화로 21세기 초(2001~2010)에는 3월 12일부터 봄이 시작되었으므로, 1세기 동안에 17일이나 봄이 빨리 시작된 셈이다.

일상생활과 가장 밀접한 기상학적 기준(기온 기준)에 따르면 봄은

76일간(약 2개월반)에 불과하고, 여름은 121일간(약 4개월)이나 된다. 가을은 가장 짧은 66일간(약 2개월)이고, 겨울은 102일간(약 3개월반)으로 분석된다. 가을이 느낌대로 가장 짧고 여름이 가장 긴 것을 알 수 있다.(조선일보: 2014.3.18)

이렇게 기상학적 계절 구분은 9일간의 평균 기온 값 섭씨 5도와 20도를 기준으로 한다. 다시 말해서 기온의 하루 평균값이 5도 이상으로 올라가서 9일 이상 계속되면 그 첫날부터 봄이 온 것이다. 그러니 지나봐야 봄이 왔다는 것을 알게 된다.

또 20℃ 이상으로 올라가서 떨어지지 않으면 여름이고, 여름 끝에 20℃ 아래로 내려가서 다시 올라가지 못하면 그날부터 가을이다. 그리고 5℃ 아래로 내려가서 9일 이상 계속되면 그때부터 겨울이다. 봄은 잠깐 사이에 지나가고 여름은 길어지고 가을은 가장 짧으며 겨울은 겨울답지 않으니 사계절의 구분이 희미해져 가고 있다.

(2019.3.17)

# 입춘(立春)과 경칩(驚蟄) 사이

황금 돼지의 해라는 기해년(己亥年: 2019년)에는 24절기의 시작인 입춘(立春) 다음날이 음력 설날로 이어져서, 올해는 절기의 흐름이 상서(祥瑞)로울 것 같은 느낌이 든다. 더구나 이번 설날에는 제법 많은 눈이 전국적으로 내려서, 통행에는 조금 불편했지만 오랜 겨울 가뭄 해갈에 도움이 되었다니 다행이다.

또한 얼음이 녹아서 물이 된다는 우수(雨水: 양력 2월 19일)는 정월(正月) 대보름과 겹쳐 들었다. 미세 먼지로 달빛이 흐렸지만, 강물에 비치는 희미한 월영(月影)을 볼 수 있었다.

우수 절기는 태양의 황경(黃經)이 330도에 이를 때를 입기일(入氣日)로 하는데, 기온이 빨리 오르기 시작하므로, 15일간을 5일씩 3후로 구분하기도 한다. 우수 3후의 첫 5일간에는 수달이 얼음 녹은 물에 들어가 물고기를 잡아다가 늘어놓고, 다음 5일간에는 기러기가 북쪽으로 돌아가며, 마지막 5일간 말후(末候)에는 초목에 싹이 트기 시작한다고 하였다.

공원의 야생 생강나무에는 벌써 노릇노릇한 꽃이 피어났다. 자세히 보아야 그 연약한 모습을 볼 수 있다. 또 한강 가에서 수달을 직접 보지는 못했지만, 까치가 둥지를 새로 짓거나 고쳐 짓느라고 부산한 모습이다.

겨울잠을 자던 개구리와 벌레들이 깨어난다는 경칩(驚蟄: 3월 6일: 금년 음력 정월 그믐)이 오기도 전에 지구 온난화와 미세먼지까지 겹쳐서 인간 세상이 몹시 시끄러우니, 벌레인들 늦잠을 즐길 수가 없을 것이다.

특히 금년에는 '입춘과 경칩 사이' 한 달 동안에 북핵(北核) 해결을 두고 기대가 부풀었다. 2월말에는 트럼프와 김정일이 하노이에서 세계의 이목을 집중시킨 가운데 허풍을 떨어대었으니, 개구리 울음소리가 없어도 세상이 시끄러웠다.

더욱 못마땅한 풍경은 국내 방송사들이 경쟁적으로 두 허풍쟁이의 회담 소식을 중계방송 하느라 정규방송이 사라졌다. 한국 대통령이 미국이나 중국을 방문했을 때보다 훨씬 더 요란했다. 그러나 결과는 허탕이었다.

그렇지 않아도 좌파 정부가 남북 관계개선에 몰두하다가, 한미 공조를 놓치지 않았는지 걱정된다. 또 최저임금의 과도한 인상을 부른 '소주성(소득주도성장론)'과 에너지 정책의 파탄이 우려되는 '탈원전(脫原電)'에 겹쳐 미세먼지까지 극성을 부리고 있으니, 기해년 정월 한 달을 보내는 마음이 매우 무겁다.

진정한 봄은 이 땅에 언제 오려나. 금강경의 핵심이 자오자긍(自悟自矜)이라고 들었는데, 모두 세상의 진리를 스스로 깨닫고, 스스로 긍정하며 살아가는 세상이 되었으면 좋겠다. 그래서 춘래불사춘(春來不似春)을 읊조리지 않게 되기를 바랄 뿐이다.

(2019.2)

# 배려(配慮)

여러 가지로 마음을 써서 다른 사람을 보살피고 도와주는 것이 사전적 의미의 배려(配慮)이다. 글자의 뜻대로 풀이하면 '생각(慮)을 다른 사람과 나눈다(配)'는 말이다.

인격의 형성과 사랑의 실천에서 첫째 덕목이 바로 타인에 대한 배려이다. 배려할 줄 아는 사람이 많을수록 그 사회의 품격이 오른다. 더구나 노약자나 장애인에 대한 배려는 필수적이다.

동양문화의 전통인 유학(儒學)에서도 '인자인야(仁者人也)'라고 하여, 다른 사람에 대한 사랑과 배려의 가치를 강조해 왔다. 현대에 와서도 가족과 이웃에 대한 배려의 중요성을 인식하여 '영원한 화합'을 강조한다. 또한 인자인야를 말하려면 화이부동(和而不同)과 여인위선(與仁爲善)을 함께 고려해야 한다고 주장한다.(공자철학의 대가, 친라이 중국 칭화대 국학연구원장: 2018.6.29 서울경제신문 참조)

또한 배려의 실천에는 서로의 처지를 바꾸어서 생각해보는 역지

사지(易地思之)의 자세가 필요하다. 그래서 구성원들에게 존중을 받는 인격력의 핵심이 배려이고, 이것은 유교적 가풍에서 자연스럽게 배우는 교양이라고 주장하기도 한다.(조용헌 살롱 1140: 조선일보)

일상생활에서 흔히 겪는 배려가 아쉬운 경우의 하나는 우리나라 운전자들의 방향지시등(깜빡이) 켜는 모습이다. 특히 차도와 인도의 구분이 없는 골목길 네거리에서 자기의 진행방향을 타인에게 알리는 것이야말로 운전자의 기본적 소양이자 법규이고, 다른 사람에 대한 1차적 배려이기도 하다.

미국에서는 100% 지켜지는 이 행위가, 한국에서는 10%정도밖에 지켜지지 않는 현실이 매우 안타깝다. 특히, 부자들이 많이 산다는 동네골목길의 고급(외제)차일수록 깜빡이를 제때에 제대로 켜는 자동차를 보기가 힘들어서 안타깝다. 나는 내 갈 길을 갈 터이니, 너는 네 갈 길을 알아서 가든지 말든지 하라는 심보 같아 보인다.

또 다른 꼴불견 사례는 전철의 임산부 보호석에 휴대폰을 들여다보며 태연히 앉아있는 '쩍벌남'의 무심한 모습이다. 만일 몸이 불편하다면 노약자 보호석으로 가서 양해를 구하면 노인이라도 자리를 양보할 것이다. 그러나 핑크색으로 칠해놓은 바닥에의 표시에도 아랑곳하지 않는 뻔뻔한 중년 남자의 모습은 공중예절이나 남을 배려하는 모습과는 거리가 멀어 보인다.

또한 식당에서 여럿이 함께 하나의 접시나 불판에 담긴 음식을 나누어 먹을 때에, 자기 몫(N분의 1)을 무시하고 식탐을 부리는 모습도 동석인을 배려하는 모습과는 거리가 멀어 보인다. 식사 속도에 개인차이가 있기는 하지만, 눈치껏 속도조절을 고려할 필요가 있다. 그것이 남을 배려하는 일이기도 할 것이다.

이와 같이 일상생활에서 자주 접하는 사람들 사이의 상호 배려는 삶을 윤택하게 한다. 특히 자기의 권리나 이익을 희생해가면서 남을 배려하는 모습이야말로 인생을 아름답게 해준다.

최근에 감동을 주는 부부 사이의 배려 사례가 최근 물난리가 난 일본에서 있었다. 큰 홍수로 집안에 흙탕물이 차오르는 상황에서, 거동이 불편한 남편을 남겨두고 홀로 탈출할 수가 없어서, 남편을 꼭 끌어안은 채 함께 세상을 하직한 아내의 지극한 사랑과 남편에 대한 배려심은 눈시울을 붉히게 하는 감동을 준다. 보기 드문 현대의 순애보(殉愛譜)이자, 배려의 극치 사례라 하겠다.(동아일보: 2018.7.27)

이와 같이 다른 사람을 위해 자신의 목숨까지 바치는 희생적 배려야말로 사랑의 완성일 것이다. 그래서 일찍이 동양의 성인(聖人)이 말씀한 인자인야(仁者人也)는 오늘날의 사람들에게도 사랑과 배려의 의미를 되새기게 해주는 것이라 생각된다. 나도 좀 더 아내와 가족과 벗들을 배려하며 살아가야겠다고 다짐해본다.

(2018.8.31 유난히 뜨거웠던 여름을 보내면서)

# 5.

# 봄꽃 피는 현충원

# 문어(文魚)를 회상하며

해가 바뀌어 누렁이〔黃狗〕의 해 무술년(戊戌年)의 입춘(立春)이 지났는데도 동장군의 기세는 꺾일 줄 모르고 있다. 우여곡절(迂餘曲折)을 겪은 뒤에 우리나라에서 30년 만에 다시 열리는 동계올림픽에 참가한 선수들과 관중들이 모두 추위를 견디느라 고생이 많다는 소식이 전해진다.

나이가 들수록 추위 속의 외출이 두려워 집안에서 중계방송을 보고 있는데, 예고 없는 택배가 도착했다. 상자를 열어보니 남해 완도에서 잡힌다는 문어(文魚)였다. 내 고향인 동해 문어보다 몸집은 작고, 상대적으로 다리는 길어 보인다.

경북 지방에서는 빠지지 않고 제사상에 오르는 제수품(祭需品)이 문어다. 깊은 바다에 사는 문어는 뼈가 없고 살이 부드럽지만 다른 생선처럼 쉽게 무르지 않아서, 냉장시설이 드물었던 시골에서도 어릴 적부터 맛볼 수 있었다. 그러나 비싼 생선이어서 명절이나 제삿날이 아니면 맛보기 어려웠던 어물이기도 하였다.

또한 문어는 글 읽는 선비들이 숭상(崇尙)하는 '글월문[文]'이 그 이름에 들어있는 데다가, 글을 쓰는데 필요한 먹물도 지니고 있으니, 양반들이 즐겨 먹었고 제사상에도 오르게 되었다고 한다. 게다가 중국에서는 '글 장[章]'을 넣어서 장어(章魚)라고 한다니까, 문어는 문장(文章)을 모두 갖춘 셈이다. 실제로 깊은 바다에 사는 문어는 기억력(記憶力)도 좋은 동물이라고 한다.

내가 가장 맛있고 의미 있게 먹은 문어에 대한 추억 두 가지가 떠오른다.

먼저 20대 초반 공군 일병으로 집에 휴가를 나왔을 때의 일이다. 시골 장터에 구경삼아 나갔다가, 강 건너 남수산(嵐峀山) 아래 큰 마을에 사시는 막내 고모님을 만났다. 친정 장조카인 나를 무던히도 아끼시던 고모님은 마침 점심때가 다 되었으니 집으로 가자고 손을 끌었다.

마지못해 따라간 나에게 고모님은 꽤 통통한 문어 한 마리를 통째로 삶아 안마루에 상을 차려 주시고는 혼자서 모두 다 먹으라고 하였다. 혈기왕성한 청년이라도 혼자 다 먹기에는 양이 너무 많았다. 그만 먹겠다고 말하니까, 안 된다며 굳이 다 먹어야 한다는 것이었다. 억지로 한 마리 문어를 다 먹느라 혼이 났던 기억이 새롭다. 슬쩍 따라주신 매실주 석 잔을 곁들인 덕분이었다.

또 다른 추억의 하나는 한전에 재직하던 시절에 부산 동래지점장으로 단신 부임하여 근무하고 있을 때의 일이다.

나를 만나러 서울에서 내려온 아내와 함께 다대포(多大浦) 해변으로 데이트를 하러 나갔다. 바닷물이 빠져나간 해변을 걷고 있을 때, 물질을 하러 나갔던 해녀가 돌아와 망태를 벗는 것을 보았다.

무엇을 건져왔나 궁금하여 다가가보니, 해삼·멍게·홍합 등과 함께 작은 돌문어 한 마리도 있었다. 즉석에서 5천원에 코펠에다 삶아 주기로 흥정이 되었다. 해변에서 바닷바람을 맞으며 오랜만에 만난 아내와 소주를 곁들여 먹었던 싱싱한 맛과 그 풍광을 지금도 잊을 수 없다. 언제 그 해변에 다시 한 번 가 보려나.

이런 추억을 머금은 작은 크기의 문어가 냉동상태로 한 상자가 배달되어 왔으니 당장 군침이 넘어간다. 남해가 고향인 사돈이 보내준 귀한 세찬(歲饌)이다. 그러나 이를 해동하고 손질하는 아내는 몹시 분주해 보인다. 나는 모른 척하고 문어가 부드럽게 삶아지기만 기다린다.

이번 설날 차례상에도 떡국과 함께 또 문어가 오를 것이다. 고향을 지키고 사는 동생이 직접 농사지어 묻어 두었던 무와 말린 시래기 같은 귀한 물건과 함께, 빠뜨리지 않고 챙겨오는 제수품목에 문어가 꼭 들어있기 때문이다.

그러면 이번 그믐날 저녁에 형제들이 모두 모이면 남해안 작은 문어와 동해안 큰 문어를 함께 맛보며 색다른 세찬(歲饌)을 나누게 될 것이다. 이럴 때에는 필수적으로 곁들일 세주(歲酒)도 전국 각 지방에 흩어져 사는 형제들 고장의 명주(銘酒)이면 참 좋겠다.

(2018.2)

# 봄꽃 피는 서울 현충원

올해(2019) 봄은 춘분(春分: 3월 21일)이 지나가도 화창한 봄기운은 멀리 있는 느낌이다. 날씨도 나라의 어두운 시국(時局)의 영향을 받는 탓인지 그야말로 춘래불사춘(春來不似春)이다.

달이 바뀌고 청명(淸明: 4월 5일 植木日)이 되어서야 날씨가 조금 따뜻해지면서, 목련과 벚꽃이 활짝 피어나기 시작했다. 또한 본격적인 봄꽃 축제들이 이번 주말을 기해서 여러 곳에서 열릴 예정이라고 한다.

우리 문화답사반 일행은 주말을 피해 금요일 오후에 국립 서울 현충원을 찾았다. 수양 벚꽃과 목련 등을 감상하면서, 네 분의 전직 대통령 묘소를 포함한 국립묘지 일원을 둘러보기로 하였다. 이곳에는 독립유공자, 국가유공자, 장군, 장병, 경찰관 묘역, 외국인 묘소 등으로 나누어져 있다.

현충탑에서 대표자가 분향하고 나서 함께 묵념을 올렸다. 그리고 입구 오른쪽(북쪽) 묘역부터 천천히 둘러보았다. 다시 걸음을 멈춘 곳은 장군 묘역 앞쪽에 있는 김영삼 대통령 묘소였다. 모두 묵념을 올렸다.

자리를 옮겨 역시 장군 묘역 뒤쪽 가장 높은 곳에 있는 박정희 대통령 내외분 묘소를 찾아, 역시 분향하고 묵념으로 인사를 올렸다. 묘소는 좌고우비(左考右妃)로 배치되어 있었으나, 비석에 새긴 신위의 표시는 그렇지 않아서 조금 궁금한 마음으로 나오면서 뒤돌아보니, 육영수 여사의 생가에서 옮겨 심었다는 산(山)목련이 작은 꽃송이를 새하얗게 피워내고 있었다.

다음에는 국가유공자 묘역 가까운 곳에 위치한 이승만 초대 대통령 내외분 합장 묘역에 이르렀다. 여기에서는 인솔 선생님의 권유로 내가 일행을 대표하여 분향하고 모두 함께 잠시 묵념을 올렸다. 다른 곳으로 이동하며 생각하니, 대통령 묘역에서 대표 분향자가 된 것에 감회가 새로웠다.

다음에는 이 대통령 묘역 남쪽에 위치한 창빈안씨(昌嬪安氏) 묘소를 둘러보았다. 이분은 조선 중종(中宗)의 후궁이자 선조(宣祖)의 할머니이다. 후궁의 묘로는 드물게 신도비(神道碑)까지 갖추어져 있다.

사연을 알아보니 중종의 총애를 받았던 창빈의 둘째 아들이 덕흥군(德興君)이고, 그의 셋째 아들(창빈의 손자)인 하성군(河成君)이 바로 선조(宣祖) 임금이다. 이후 360년 동안 조선 임금은 모두 이

분의 후손으로 계승되어 더욱 유명하다. 그래서 이 후궁의 묘원(墓園)임에도 왕릉에 비견되게 이곳을 동작릉(銅雀陵)이라고도 불렀다.

이 묘역 앞에 서면 한강이 내려다보인다. 멀리 남산과 북악을 넘어 북한산도 바라보는 이곳은 풍수가(風水家)들 사이에서는 공작포란형(孔雀抱卵形)의 명당(明堂)으로도 널리 알려져 왔다.

이곳에서 30미터 가량 떨어진 곳에는 김대중 대통령 묘소가 있었다. 묘역이 상대적으로 편안해 보이지는 않았지만, 전문가도 아닌 내가 내색할 수는 없었다. 장례 때 이곳이 과연 대통령 묘역으로 적절한가를 두고 약간의 논란이 있었던 기억이 났다. 그러나 아무도 그런 말을 꺼내는 이는 없었다.

넓게 펼쳐진 사병 묘역에서는 채명신 장군의 묘가 눈에 띄었다. 생전의 유언에 따라 월남전사자 묘역에 사병과 같은 크기로 가장 앞쪽에 잠들어 있는 모습에 존경심을 표했다.

또 다른 사병 묘역에서는 3살과 19살에 각각 산화한 형제(兄弟) 묘지도 눈시울을 붉히게 하였다. 그리고 공군 묘역에는 전투기 조종사인 부자(父子)도 나란히 잠든 모습도 보였다.

마지막으로 충혼당과 전시관 등을 둘러보고 나서, 수양 벚꽃 늘어진 입구로 다시 나왔다. 묘지를 둘러본 탓인지 동작동의 봄꽃은 화려(華麗)하다기보다 처연(悽然)해 보이기도 하였다. 구름 낀 날씨 때문인지 아니면 암울한 시국 탓인지 모르겠다.

(2019.4.5)

# 매헌(梅軒)을 좋아한 사람들

## 보통명사 매헌

매화(梅花)는 오래전부터 선비들이 즐겨 감상하여온 사군자(四君子) 가운데서도 으뜸일 만큼 각별한 사랑을 받아왔다. 매화는 매서운 겨울 추위를 이겨내고 이른 봄에 다른 식물이 싹트기 전에 가장 먼저 꽃망울을 터뜨리기 때문이다.

이 매화를 연상하게 하는 매헌(梅軒)이라는 말도 원래는 보통명사로서 매당(梅當) 또는 매각(梅閣)이라는 말과 함께 '지방의 수령이 공무를 처리하는 청사[東軒]를 뜻하는 말'이었다고 한다. 또한 실제로는 그들의 이름 아래에 붙여서 편지 봉투에 자주 쓰이던 말이기도 하였다.(naver지식백과)

## 서재 이름 매헌

여말선초(麗末鮮初)의 대학자 변계량(卞季良: 1363 공민왕 18년~1430 세종12년) 선생이 동문수학하던 중려(重慮)라는 선비의 서재(書齋)에 '매헌'이라는 이름을 붙이고, 그 연유를 설명하는 매헌기(梅軒記)를 지어 주었다.

"중려는 사람이 강개(糠慨)하고 다른 사람보다 출중(出衆)하다. 또한 시(詩)를 잘 짓고 마음속은 한없이 깨끗하다. 매헌이라는 서재 이름이 그와 너무 잘 어울리지 않은가!

향기로운 바람이 산들 불고 달빛이 간들간들 나부낄 때 중려가 매헌에 앉아서 손에 책을 들고 음미하면, 매화에서 터득한 마음의 감흥이 있을 것이다."라는 기문(記文)을 적어 서재에 붙였다고 한다.

## 조선조의 매헌

조선시대에 들어오면 매헌(梅軒)이라는 아호(雅號)를 가진 선비들이 여럿 등장한다. 대표적인 예를 들면 다음과 같다.

- 매헌 권우(權遇: 1363~1419) 세종이 세자일 때 경사(經史)를 가르친 스승, 대학자 양촌(陽村) 권근(權近)의 아우
- 매헌 최여설(崔汝楔: 1551~1811) 임진왜란 때의 의병장
- 매헌 정기룡(鄭起龍: 1562~1622) 경상도 병마절도사, 울산부사

· 매헌 이인형(李仁亨) · 매헌 박응수(朴應秀) · 매헌 윤정립(尹貞拉) 등

여성 예술인 매헌

· 이매헌(李梅軒): 조선시대 여류시인. 조옥잠(趙玉潛)과 교유(交遊)
· 매헌 이숙자(姨叔子): 현대무용가. 살풀이춤의 명인

현대인의 이름/ 아호/ 상호

· 이 매헌(同名 異人): 축구선수/ 화가/ 방송인 등
· 매헌 김일지(화가)
· 법무법인 '매헌'(대표 김형준 변호사)

윤봉길 의사의 경우

현대에 들어와서 매헌(梅軒)이라는 아호로 가장 널리 알려진 사람은 윤봉길 의사(1908~1933/향년 25세)일 것이다. 윤의사의 아호는 스승인 매곡(梅谷) 성주록(成周錄) 선생의 아호에서 '매'를 취하고, 절의(節義)를 지켜 목숨을 버렸던 사육신 매죽헌(梅竹軒) 성삼문(成三問)의 아호에서 '헌'을 취하여 지어 받은 것이라 한다.

윤봉길 의사는 매헌이라는 아호를 받고 집을 떠나기 전에 남긴 글귀가 매우 비장(悲壯)하다. 바로 '장부출가생불환(丈夫出家生不還)'

이라는 친필 유묵을 남기고 길을 떠나, 중국 상해 홍구(紅口)공원에서 일본군에게 폭탄을 투척하는 의거(義擧)를 행하고 나서, 결국 돌아오지 못하고 순국(殉國)하였다.

## 필자의 경우

내가 매헌이라는 아호를 갖게 된 데에는 약간의 욕심과 우연이 작용한 듯하다. 지천명(知天命)의 나이였던 새천년 초에 집안의 어른들이 대동보(大同譜)를 발간하기로 결정하면서, 나에게 아호를 지어 족보에 수록해 두라고 강권(强勸)하였다.

나는 잠시 고민하다가, 태어난 고을 이름인 매화리(梅花里: 현재의 새 주소로는 경상북도 울진군 매화면 매화동산길)에서 '매'를 취하고, 헌헌장부(軒軒丈夫)로 살아가리라는 당찬 포부로 '헌'을 취하여, 감히 '매헌'이라는 아호를 지어 족보에 올려버렸다. 그 족보는 이듬해(2002)에 예정대로 발간되었다.

나이가 들어가면서 차츰 아호를 사용할 일이 잦아지면서 가끔 활용하는데, 남의 일에 참견하기를 마다하지 않는 이들 가운데 일부는 내 아호에 약간의 거북함을 드러내 보이기도 한다. 어디서 많이 들어본 아호라느니, 대단한 아호를 가졌다느니 하면서 말이다.

나는 수긍도 하고 그들을 이해하기도 한다. 그래서 「구차한 호변(號辯)」이라는 글을 수필 형식으로 쓴 적도 있다.(필자의 수필집 『산수유 심은 뜻은』 133~137쪽 참조)

이와 유사한 글을 다시 쓰는 까닭도 다른 이가 사용했던 좋은 아호가 내 취향에 맞으면 공유(共有)해도 무방하다는 것을 밝혀두려 함이다. 마치 이 세상에 철수나 영자 같은 동명이인(同名異人)이 여럿 있어도 무방한 것처럼 말이다.

# 마지막 김장하는 날

겨우내 먹을 김치를 한꺼번에 담그는 것이 김장이다. 한자어 침장(沈藏)에서 유래한 말이라고도 한다. 옛날 시골에서는 겨울철 절반의 양식(糧食)을 장만하는 큰 행사이기도 했다.

그런데 올해 일흔 나이가 된 아내가 '마지막 김장'임을 선언한 날이 다가왔다. 대설(大雪)이 하루 지난 토요일(11월 8일)이 그날이다. 올해 들어 첫추위가 닥친 날이기도 하다.

우리 두 내외만 살아가는 단출한 살림이어서 3남매와 함께 살 때보다 김장을 많이 담그지 않는데도, 이것이 마지막 김장이라고 선언하는 아내의 다부진 결기가 오히려 애잔하게 느껴진다. 그래서 세월이 무섭다고 하나 보다.

아마도 아내는 어느덧 종심(從心)에 이른 세월의 무게를 스스로 느끼는 것 같다. 나는 마음 가는 대로 하라고 말해주었다. 그렇게 마음 가는 대로 해도 된다고 이미 공씨(孔氏)성현께서 이미 오래전에 그리 말씀해 두었기 때문이다.

우리 집 김장 배추는 해마다 대관령 원예농협에 주문하는데, 올해에도 절임 배추 1상자(20kg)는 하루 전에 택배로 도착하였다. 고향집 동생네가 가꾸어 장만해준 고춧가루도 이미 준비되어 있다.

김치 속을 만들기 위한 싱싱한 무와 젓갈 따위의 양념을 사러 가는 농협 슈퍼마켓에 나는 짐꾼으로 따라갔다. 장보기를 마친 아내는 김장하는 날 필수 품목이라며 돼지고기 수육을 사고는, 내가 술안주로 좋아하는 대하(大蝦)도 따로 샀다. 피곤한 김장 작업 뒤풀이에 남편을 배려한 특식인 셈이다. 나는 내색은 안 했지만 나를 배해주는 이런 아내가 고마웠다.

그런데 아내는 김장 도우미로 가까이 사는 며느리나 딸을 부르지 않겠다고 한다. 작은 양의 김장이니 내가 무거운 김치 통이나 들어 옮겨주면 된단다. 나만 조수 겸 허드레 심부름꾼으로 부릴 작정인 모양이다. 이럴 때는 나서지 말고 시키는 대로 하는 것이 상책이라는 것을 나는 안다.

우리 부부는 김치 식성도 조금 다르다. 아내는 겉절이와 같은 생김치를 잘 먹는 편인데, 나는 김장 속에 깊이 박아둔 두툼한 무와 묵은지가 좋다.

조용헌(문화콘텐츠학) 선생은 칼럼에서 이렇게 말한다. 겉절이 김치를 좋아하는 사람은 성격도 칼칼한 경우가 많아서, 생각을 속에 오래 담아 두지 않고 바로 표현한다. 반면에 묵은 김치는 오래 묵었기 때문에 무덤덤한 맛을 내지만, 입 속에서 씹다 보면 깊은 뒷맛이 우러나온다고 말했다.

그러니까 우리 집 밥상에는 겉절이와 묵은지가 함께 어우러져서, 칼칼하고 싱싱한 맛과, 덤덤하고 깊은 맛이 함께 어우러지면 좋겠다. 이것도 저것도 모두 김치이고, 또한 인생이 그렇기도 하니까 말이다.

(2018)

# 지담(池潭)에서 청담(淸潭)까지

우연히 지난날을 돌이켜보다가, 나는 깊은 물을 뜻하는 '담(潭)'이라는 글자가 들어있는 고을과 인연이 깊다는 것을 깨달았다. 시골 지담동(池潭洞)에서 태어난 내가 서울 청담동(淸潭洞)에서 늙어감을 두고 하는 말이다. 이 담(潭)이라는 글자는 물이 깊게 고인 연못이나 그 물가를 뜻하는 한자다.

지담(池潭)이라는 이름은 동네 북쪽을 흐르는 작은 개울가의 제방(堤防) 안쪽에 제법 큰 못[池]이 있었던 데어서 유래하였다고 전해온다. 그러나 지금은 그 연못이 없어졌다. 1959년에 '사라호' 태풍으로 큰 홍수가 나서, 제방이 무너져 나갈 때에 묻혀버렸다고 한다.

내가 중학교를 마칠 때까지 어린 시절을 보낸 고을이 바로 그 지담동이었다. 이 작은 고을을 한자로는 지담동이라 하였지만, 속칭으로는 '번득골'이라고도 불렀다. '번득'은 빛나는 모양이나 눈빛이 생기 있는 모습을 뜻하는 말이다.

지금은 한글로 지담동이라고 크게 새긴 표지석(標識石)이 마을 입구 버스정류장 옆에 세워져있어 동네 이름을 쉽게 알 수 있다.

또 마을 안으로 들어가는 길가의 작은 바위에는 옛적 풍류객이 새겨둔 서소암(舒嘯岩)이라는 글자가 희미하게 남아있다. 이것은 '휘파람 불듯이 즐거움을 드러내는 바위'라는 뜻이니, 풍류를 즐길 줄 아는 선비가 눈여겨 보았던 고을인가 싶다.(「울진의 金石文2」에는 '조용히 풍월을 즐기는 곳'이라고 되어 있다.)

그 뒤에 청년기에는 '큰 바다에 임한 고을'이라는 뜻을 가진 임영(臨瀛)-지금의 강릉(江陵)에서 학업과 군 복무를 마치고, 첫 직장도 그곳에서 시작하였다. 강릉에는 널리 알려진 경포호(鏡浦湖)가 유명하다.

또한 그 시절에 행운이 찾아와서, 집 옆의 논 하나를 파내어 연못으로 만들고, 또 꽃나무가 많은 마당 안에도 작은 연못을 들인 정원이 있던 집의 딸을 아내로 맞이하여 해로(偕老)하고 있다. 견강부회(牽强附會)하자면 이 또한 물과의 인연이라고도 할 수 있지 않겠는가.

그 후 서울로 발령을 받아서, 처음으로 한강(漢江)이 가까운 잠실(蠶室)에 작은 내 집을 마련하였다. 이 잠실 또한 수변(水邊) 고을이었던 셈이다.

지금은 40년 가까운 세월을 청담동(淸潭洞)에 눌러 앉아 살아가고 있다. 창문으로 한강이 내려다보이던 자리였는데, 이제는 강변에 빌딩이 많이 세워져서 높은 층에서만 유유히 흐르는 한강을 조망(眺望)할 수 있다.

청담은 '맑은 연못'이라는 의미인데, 옛적에는 이곳을 '청숫골'이라고 하였다. 지금도 토속 음식점이나 카페에 그 이름이 남아있다.

그런데 물이 고인 곳의 명칭이 각기 다르다. 예를 들면 호(湖)는 물의 깊이가 5미터 이상인 것을 말하고, 소(沼)는 수심이 1미터 이상인 것이며, 못(澤)은 1미터 미만인 것을 가리킨다는 풀이가 있다.

그러나 이 구분이 확실한 것 같지 않다. 예를 들면 백두산에는 천지(天池)가 있고, 한라산에는 백록담(白鹿潭)이 있으니까 말이다. 그래서 물이 모여 있는 형태와 크기는 각기 다르고, 그것을 나타내는 글자도 다양한 모양이다.

예부터 물가에 가면 사람의 열을 식혀준다는 말이 있다. 그래서 가끔 청담공원을 거쳐 한강변에 산책을 나가곤 한다. 나는 체질적으로 열과 땀이 많은 편이다. 그러니 물 수(水) 변이 있는 마을에서 태어나고, 또 물 수 변 글자가 들어간 동네에서 살아가는 것이 팔자이며, 그것을 다행이라 여긴다.

더구나 나는 정년퇴임식 때 후배들 앞에서 감히 노자(老子) 선생을 인용하여 상선약수(上善若水)를 천명하고 물러난 바 있다. 이제 나이 들어가면서 세상의 순리를 따라야지 다른 묘수가 있으랴 싫어서다.

또한 성현(聖賢)께서는 요산요수(樂山樂水)를 말하였다.

"지혜로운 사람은 물을 좋아하고, 인자한 사람은 산을 좋아한다. 지혜로운 자는 변화를 알고, 어진 자는 확고부동하다. 지혜로운 사람은 즐기고, 어진 사람은 오래 산다."(子曰, 智者樂水 仁者樂山, 智者動 仁者靜, 智者樂 仁者壽. 『論語』 雍也篇 6-21)

돌이켜보니 나는 지혜로운 사람〔智者〕은 아니었다. 그러나 체질적으로 열이 많은 데다가, 요즈음같이 열 받을 일이 흔한 세태에서, 물 수〔水〕 변이 들어 있는 동네에서 태어나고, 지금도 물 가까이에서 살아가는 것을 다행으로 여긴다. 물은 그릇 모양대로 변하여 담기고, 항상 낮은 곳으로 흐르면서 더러움을 씻어주고, 또 열을 식혀주기 때문이다.

(2018.4)

# 다섯 돌 손자

손자 연웅(然雄)이가 제 어미와 함께 우리 집에서 함께 기거한 지 1년 반이 되었다. 무역 회사에 다니는 아비가 지난해(2015) 연초에 2년 예정으로 해외(중남미 아이티)에 파견근무를 나간 때문이다. 어미도 외국회사의 한국지사에 근무하면서 해외 출장이 잦은 편이라, 금년 연말에 아비가 귀국할 때까지는 조부모와 함께 살기로 한 것이다.

이 국제화 가족의 일원인 손자는 영어유치원[CCLC]에 다니는데 잘 적응하고 있다. 지난 5월 아비의 휴가 때에 맞추어 손자는 어미와 함께 미국 마이애미에 갔다가, 까무잡잡한 모습으로 돌아왔다. 오랜만에 보고 싶던 아비를 만난 덕분에 얼굴에 생기가 돌았다.

다섯 돌 생일을 맞는 손자는 체중이 20kg 정도인데, 힘자랑이 대단하다. 할아버지와 레슬링을 하자고 조르는데, 70을 넘긴 나는 힘이 부치고 다칠 염려도 있어 일주일에 하루 금요일에만 하는 것으로 제한해 두고 있다. 손자는 그 제안을 억지로 받아들인 듯하지만 불만스러워 한다. 갑자기 넘치는 에너지를 자랑하려고 마구 덤빈다. 숨바꼭질 놀이는 수시로 하자고 조른다.

어미가 "이제 완전한 만 나이 다섯 살이 되었으니, 밥도 혼자 먹고 칫솔질도 혼자서 하라."고 시키면 수긍하는 척하다가, 언제 그랬느냐는 듯이 이내 딴짓을 한다. 이러는 손자를 두고 할머니가 "참 예쁘기도 하고 밉기도 하다."고 말하는데, 혼자 칫솔질을 하고 나와서는 "이럴 때는 예쁘죠?" 하고 능청을 떤다. 이 녀석에게는 잘못한 행위를 나무라기보다는 잘하는 행동을 칭찬하고 북돋아주는 것이 효과적이라는 것이 할머니의 판단이다.

식성은 한국 토속 음식을 좋아한다. 잡곡밥에 여러 가지 국이 필수적이고 나물 무침과 쇠고기와 멸치 등 할머니가 직접 만들어 주는 반찬을 좋아한다. 이제는 자기도 미국에 사는 고종사촌 이안이 형처럼 배추나 파프리카를 고추장이나 간장에 찍어 먹을 수도 있다고 뽐낸다. 낫토[納豆]를 잘 먹는 것도 신통하다.

그러나 빵이나 피자 같은 양식을 선호하지 않고, 과자나 아이스크림과 같은 단 음식을 싫어하는 것은 어린아이답지 않지만, 한편으로는 다행이다 싶다. 외국 여행 때에도 한국 음식을 찾고 식성이 까다로워 애를 먹었다고 한다. 그런 탓인지 지난번 미국 여행에서 돌아왔을 때에는 체중이 많이 줄어 있었다.

두 해째 영어유치원에 다니는 모습도 대견하다. 자신감과 에너지가 넘친다. 한 번도 유치원에 가기 싫다고 말하는 법이 없다. 오전 9시에 스쿨버스를 타고 갔다가 오후 3시에 돌아온다. 보충수업이 있는 날은 한 시간 늦게 온다. 격일로 미술, 수학, 체육 등의 과외공부를 추가로 한다.

할머니는 이 시간에 맞추어 데리러 가거나 마중을 해야 하기 때문에 활동에 제약이 많다. 부득이할 경우에는 할아버지가 역할 대행을 하는데, 손자의 만족도가 떨어진다. 할머니는 어디 갔느냐 몇 시에 오느냐며 따진다. 사전에 부득이한 사정이 있음을 잘 설명해 두어야 한다.

혀를 굴리며 원어민 영어로 무엇인가를 말하면 알아듣기가 힘들다. 영어로 자기소개를 하는 데에도 자신이 넘친다. 한글 동화책 읽기와 쓰기도 할 줄 알고, 구구단도 다 외웠다.

일주일에 한번 프래뮤(PLAMU)라는 어린이 미술학원에 가서 그쪽에 재능이 있는지 알아보고 있다. 서예가인 할머니는 취미로 그림도 그리고 있는데, 조금 소질이 있어 보인다고 말한다. 제60회 전국학생미술 대제전에서 유치부 금상을 받았는데, 어린이 대공원에서 열린 우수작품 전시회에는 손자와 함께 온 가족이 다녀오면서 기념으로 외식을 하기도 했다.

수요일 오후에는 수학 선생이 집으로 와서 특별 수업을 한다. 두뇌개발에 좋을 듯하다. 나는 내 어린 시절을 회상하며 천자문 대신 '기탄 급수 한자' 8~7급과 사자소학(四字小學)을 가르치려고 책을 준비하였으나, 다른 학습량이 많은 듯하여 미루어 두었다.

유치원에서 열린 다섯 돌 생일 파티에서의 백미는 내가 보기에는 짝꿍인 여자 아이 엠마(장서우)가 선물과 함께 건넨 편지였다. "연웅아 나는 네가 제일 좋아. 너를 사랑해. 매일 같이 놀자."라고 삐뚤삐뚤 썼다.

저희들이 사랑이 뭔지 알고 벌써 그런 말을 나눌까. 서로 좋아하는 느낌이 있는 것은 사실일 것이다. 그날 친구들이 준 생일 선물을 한아름 받아가지고 왔다. 참 풍요로운 세상이 되었다. 이렇게 무럭무럭 커가는 자식을 아비는 얼마나 보고 싶을까. 화상 전화가 있어서 그나마 다행이긴 하다.

세월이 변하여 이제 일터에 나가는 부모를 대신해 조부모가 손주를 돌보는 일이 보편화되었다. 앞으로의 세상은 더 빠르게 그리고 더 폭넓게 변해 갈 것이다. 잠시 함께 사는 손자가 그러한 변화에 잘 적응하면서 활기찬 미래를 개척해 가기를 바랄 뿐이다.

인류의 영원한 스승 공자(孔子)도 일찍이 "어린이를 사랑으로 품어주고 싶으시다."〔少者 懷之: 論語 公冶長篇 25章〕고 말씀하셨으니, 오늘을 사는 할아버지와 할머니들도 새겨들을 말이다. 그것이 곧 자기 자신을 사랑하는 일이 되기도 한다는 풀이가 있기 때문이다.

(2016.6.28)

# 손자의 입학식 날에

손자 연웅(然雄)이의 초등학교 입학식이 있는 날이다. 이웃사람들에게 넌지시 의견을 들어보니, 요즈음에는 조부모도 입학식에 가는 것이 대세라고 한다.

학군을 고려하여 지난해에 강남 대치동으로 이사한 아들 며느리의 열성도 가상하여, 우리 내외도 '강남대도초등학교' 입학식장에 가보기로 하였다. 아들과 만나기로 한 강당 오른쪽 입구는 젊은 학부모와 나이 든 조부모들로 이미 발 디딜 틈 없다.

시골에서는 신입생이 없어 교문을 닫을 형편인 학교도 많다는데, 이 학교는 36명씩 9학급이나 되는 신입생들로 만원을 이루고 있었다. 게시판에서 1학년 8반에 배정된 연웅이의 이름을 찾아내고 나서, 먼저 와있던 아비의 도움으로 손자와 함께 인증 샷을 찍을 수 있었다. 그리고는 우리 내외는 젊은 학부모들에게 자리를 양보하고 뒷줄로 밀려나야만 했다.

강당 입구에는 하늘로 날려 보낼 풍선에 매달 종이쪽지가 비치되어 있었다. 나는 평소의 지론(持論)대로 '제때에 제대로'라고 적어 손자의 풍선에 매달고는, 손자와 함께 하늘 높이 날려 보내는 것으로 입학식을 마무리하였다. 3년 동안 유치원에 다녔던 때문인지 입학식을 마친 손자는 별로 긴장하는 기색이 없었다.

손자의 입학 선물로는 책가방을 비롯한 학용품과 새 옷 등을 마련하라고 미리 금일봉을 주었다. 중학생이 되는 외손녀에게도 똑같이 하였다. 그러고 보니 학기가 다른 미국의 외손자들에게도 비슷한 선물을 보내야 되겠다는 생각이 든다.

손자네 집 가까운 식당에서 함께 점심을 먹으며 지난날을 돌이켜보니, 내 자식 3남매를 키우면서 초중고 입학식이나 졸업식에 참석한 기억이 없다. 맡은 업무가 무겁고 바쁘다는 핑계로, 아이들의 학교 관련 일은 모두 엄마가 맡은 일로 치부한 듯하다. 무심한 아비였음이 후회가 든다.

집에 돌아와서 잠시 누우니 55년 전 나의 국민학교 입학식 날의 광경이 떠오른다. 벚꽃 피어나던 4월의 운동장에서 면(面) 단위 시골 학교의 입학식을 마친 뒤에, 교장과 면장을 비롯한 마을 유지들이 어느 음식점에 모여서 점심 식사를 겸한 뒤풀이를 하고 있었다. 집이 멀어 혼자 귀가할 수 없었던 나는 아버지 두루마기 뒷자락에 숨어 찐빵 두 개를 얻어먹고는 어른들 뒷자리에 홀로 앉아 있었다.

심심했던 나는 등사판(謄寫版)으로 인쇄된 검누런 종이의 입학통지서를 들여다보고 있었다. 이 모습을 본 교장선생님이 "너 그것을 읽을 수 있느냐?" 하고 물으셨다. 나는 당황하여 우물쭈물하고 있는데, 아버지가 조용하고 엄숙한 목소리로 "네가 아는 데까지 읽어 보아라."고 하셨다.

나는 그 무렵 동네 훈장을 겸하시던 아버지에게서 명심보감(明心寶鑑)을 배우고 있었으므로, 국한문 혼용 필기체로 적힌 입학통지서를 거의 다 읽을 수 있었다. 구멍 난 얇은 종이 때문에 알 수 없었던 글자를 제외하고는.

이 모습을 보신 교장선생님은 "올해 우리 학교에 신동(神童)이 들어왔구나." 하시며, 술 한 잔을 들이키고는 쾌활하게 웃으셨다. 동네 어른들도 "대단한 아이로구나." 하였고, 아버지는 매우 흐뭇한 표정이었다.

이제 세월이 한참 흘러간 뒤에 손자의 초등학교 입학식을 마치고 나서, 먼 옛날의 추억 한 토막을 떠올려 보았다. 시대가 달라져도 세대는 이어져 가는 것임을 다시 생각해 본다.

(2018.3)

# 외손자와의 일시 동거와 순댓국 소동

미국 미시건 주에 살고 있는 막내딸이 여름방학을 이용하여 외손자 둘을 데리고 일시 귀국하여 우리 집에서 잠시 함께 지내기로 하였다.(2019.6.17~7.8) 그래서 우리 내외만 살던 집안이 갑자기 활기가 넘쳐났다.

형인 이안(2010.2.1 출생)이는 만 아홉 살 5개월이 지나서 미국 학제로 초등학교 3년 과정을 마친 상태라고 한다. 팔다리에 운동선수 같은 단단한 근육이 만져진다. 짧게 깎은 스포츠머리도 외모와 잘 어울린다. 실제로 축구와 야구, 테니스와 수영을 포함한 모든 운동을 좋아한다.

동생 이준(2011.11.26 출생)이는 일곱 살 7개월에 접어 들었는데, 이제 만 8세가 된 한국의 외사촌 연웅(2011.6.28 출생)이에 비하면 5개월이 늦다. 한국식 나이로는 이준이와 연웅이가 동갑(同甲)이지만, 연웅이는 형인 이안이를 잘 따르고 함께 어울려 놀려고 한다.

손주들 가운데 맏이인 외손녀 윤(潤)이는 벌써 엄마보다 키가 크고 반 회장을 맡고 있는 예쁜 중학생이다. 동생들과는 나이 차이가 있어도 잘 데리고 놀아준다.

이안・이준 두 형제의 나이를 한국식으로 보면, 출생 연도가 한 해 차이니 연년생이라고 할 수도 있겠으나, 합리적인 미국 기준으로 22개월의 차이가 있으니 2학년 차이가 나는 것이 옳다고 생각된다. 아무튼 숨바꼭질 놀이 때에는 셋이 모두 잘 어울려 놀면서 깔깔댄다.

용모와 재능에서도 두 형제는 차이가 있는 것 같다. 친탁한 것으로 인정되는 형 이안이는 또래에 비해 덩치가 큰 편이고 근육도 상당히 발달되어있다. 축구와 테니스를 비롯한 각종 체육 활동에서 선수로 뛰고 있다. 덩치도 제법 커서 이제는 품에 안기도 버거울 정도다.

제 어미를 닮은 데가 있어 외탁한 것으로 공인 받는 동생 이준이는 애교가 많고 파마한 머리가 잘 어울린다. 운동도 좋아하지만 그림 그리기와 피아노 치기, 종이 접기를 더 좋아한다.

특히 이준이는 이제 갓 입학한 1학년인데도 학교 그림 그리기 대회에서 전교 1등을 차지했다. 3학년인 형의 그림도 전교 3등에 입상하였는데, 이 두 형제의 그림들은 각각 책자로 만들어져 도서관에 비치되고, 전교생에게도 배포되었다고 한다. 이번에 그 책자들을 가져와서, 지금도 그림 그리기를 좋아하는 외할머니에게 선물하였다. 제 어미도 그림 그리기를 좋아했으니, 본가에서도 인정하는 대로 외탁의 흔적이 엿보인다.

아직 어리고 체구도 작아서 내 품에 쏙 안기는 이준이에게 장난삼아 귓속말로 살짝 물어보았다.

"너는 김이준이냐, 아니면 최이준이냐?"

할아버지의 의중을 알아차린 녀석은 "최이준"이라고 능청으로 받아내는 모습을 보면 웃음이 절로 나온다. 친가에서는 외할아버지가 엉뚱한 질문을 어린 손자에게 했다고 나무랄지도 모를 일이다.

부지런한 사위와 딸은 잠시도 시간을 헛되이 쓰지 않고 아이들을 데리고 롯데월드와 남산 케이블카를 비롯하여, 용인 에버랜드와 광명동굴 그리고 과천 대공원 등을 찾아 다녔다.

음식점도 특색 있고 맛있다는 여러 곳을 찾아다니며 고국의 식도락을 즐기기에도 시간을 썼다. 그리고 최고의 흥행을 보이고 있다는 영화 '알라딘'은 할아버지와 할머니도 아이들과 함께 보았다.

미국으로 돌아가기 하루 전날에 이안이가 배탈이 났다. 병원에서는 식사로 죽을 먹으라는 처방이 나왔다. 먹성이 좋아서 통닭구이와 산낙지도 잘 먹는가 하면, 오이나 파프리카 같은 야채도 한자리에서 몇 개씩 먹는 아이인데, 죽만 먹고 있자니 속상해하는 눈치다.

출발 전날 저녁이 되자 묽은 흰죽에 싫증이 난 이안이에게 좋아하는 누룽지를 끓여 먹였다. 그리고 나서 어른들은 한국에서 맛볼 특식 리스트에는 있었으나, 우선순위에 밀려 아직까지 먹지 못한 순대 국밥을 먹으려고 집을 나섰다. 이안이도 같이 가겠다고 따라 나섰다.

집을 나서 공원 골목길에 들어서자, 이안이는 힘이 없다며 그만 주저앉았다. 하는 수 없이 모두 식당에 가는 것을 포기하고 집으로 되돌아가게 되었다. 아내는 그래도 한국을 떠나는 막내딸이 먹고 싶어 했던 것을 먹이고 싶어서, 할아버지가 식당에 가서 순댓국을 포장해 오라고 한다.

그렇게 석별의 담소를 나누며 포장해온 순댓국과 간편식으로 저녁 식사를 마쳐갈 무렵에 이안이가 누워있던 방에서 훌쩍거리는 소리가 났다. 그 맛있다는 순댓국을 먹지 못한 것이 억울해서 그만 눈물이 쏟아졌던 것이다.

맛있게 먹으며 웃고 떠들던 우리 모두는 조금 미안한 느낌이 들었다. 다음 기회에 한국에 오면 꼭 맛있게 순대 국밥을 먹기로 약속하고 울음을 달랬다.

출국하는 날 새벽에 일어나서 공항으로 가려는데, 걱정되던 이안이는 밤새 안정을 찾았다. 건강한 아이이니 회복이 빠른 모양이다. 그래도 이안이를 위한 특별 기내식으로 할머니가 부드러운 누룽지 주먹밥을 준비해서, 네 식구는 13시간의 하늘여행길에 올랐다. 이튿날 모두 무사히 장거리 비행을 마치고 집에 도착하였다는 연락이 왔다.

무엇보다도 이안이가 무탈하다니 다행이다. 이제 외할머니의 특식 수제 누룽지를 세 뭉치나 싸가지고 갔으니, 이걸 먹고 잘 회복하여 건강한 모습으로 다시 만날 날을 벌써부터 기다려 본다. 한여름에 겪은 외손자들과의 순댓국 소동은 오래 기억에 남을 것이다.

외손자들이 미국으로 돌아간 뒤에 형 이안이는 학교 축구선수로 선발되었고, 동생 이준이는 미국 전체 주니어 작곡 경연대회에서 최연소로 우수상을 받았다는 기쁜 소식을 전해왔다.

# 험지(驗地)에 나가있는 자식

중남미 카리브 해(海)의 작은 섬나라 아이티에는 118년 만에 가장 강력한 허리케인 '매슈'가 덮쳐, 온 나라를 쑥대밭으로 만들고 나서 미국 플로리다에 상륙하였다는 보도가 나왔다.(2016.10.5) 아이티는 지난 2010년에도 약 20만 명의 사상자를 낸 대지진을 겪었는데, 그때의 이재민 대부분이 아직 텐트나 오두막 같은 열악한 환경에서 거주하고 있었기 때문에 피해가 더 커진 것으로 알려졌다.

미국은 이 지진 피해 복구와 주민 생계 지원을 위해 대규모 봉제공장을 현지에 세우고, 그 운영은 세계적 섬유무역회사인 한국의 '세아상역㈜'에 위탁하였다. 아들은 이 회사의 현지법인 관리자로 파견되었는데, 약 2년의 근무를 거의 다 마치고, 미리 부임한 후임자와 인계인수 단계였다.

어른들의 대화와 티브이 뉴스를 얻어들은 여섯 살 손자 연웅이가 제 아비의 안부를 걱정하며, 갑자기 아빠가 보고 싶다고 훌쩍였다. 출근한 어미 대신에 손자를 돌보던 아내도 나도 심란해졌다. 이럴 때 화상 전화라도 되면 좋으련만 연락이 닿지 않는다.

자식이 근무하는 곳에 큰 자연재해가 났다는 뉴스가 쏟아지는데, 자식의 안부가 확인되지 않고 있으니 우리 내외 모두 내색은 하지 않아도 속으로 얼마나 애간장을 태웠으랴. 아직 어린 손자가 눈치 채지 않게 대범한 척해야 하는 것도 괴로운 일이다.

뒤에 알고 보니 임무 교대하기 위해 미리 부임한 후임자와 함께 수도인 포루투랭스에 가서 관련 기관을 방문하여 업무 인계와 이임, 부임 인사를 하고 돌아왔다고 한다. 강력한 태풍에도 회사 시설이 무사하고, 제 건강에도 이상이 없다니 정말 다행이다.

이제 서울은 지독했던 더위가 완전히 물러가고, 중구절(重九節: 음력 9월 9일: 금년 양력 한글날)을 맞이하게 되니 본격적인 가을이 되었다. 한국의 반대편에서도 비바람이 그치고 푸른 하늘을 되찾아 풍성한 가을을 맞이했으면 좋겠다.

그리고 핼러윈(10월 31일)과 추수감사절(미국 기준 11월 넷째 목요일)도 이제 얼마 남지 않았으니, 온 세계에 평화와 풍년이 함께하기를 기원한다.

(2016)

# 6.

# 포근한 겨울의 단상

# 첫눈 내리는 날

올해(2018) 겨울의 첫눈은 소설(小雪)이 지난 지 이틀 뒤(11월 24일)에 폭설로 내렸다. 서울의 첫눈치고는 역대 최대인 8.8㎝가 내렸으나 추위가 이어지지 않아 오래 쌓여있지는 못했다.

첫눈이 내리는 풍경을 지켜보고 있으면 아이도 어른도 모두 즐거워지는 듯하다. 나중에 겪을 통행의 불편이나 녹아내려 지저분해지는 길바닥을 잠시 잊고서 말이다. 첫눈 속에 숨어있는 달콤한 이미지 때문일 것이다.

우선 첫눈은 '사랑의 눈'이다. 젊은 연인들 사이에 만날 핑계를 하나 더 만드느라고, "첫눈 오는 날 ○○에서 만나자."는 약속을 하기도 한다. 휴대폰이 없던 시절에는, 모자를 눌러쓰고 옷깃을 세운 채 발을 동동 구르며 막연히 기다릴 수밖에 없었지.

첫눈은 '낭만의 눈'이기도 하다. 첫눈의 낭만은 부풀기 쉬운 남성이 차분한 여성보다 더 많이 느낀다고 한다. 특히 눈 오는 날 젊은 남성의 쇼핑이 여성을 추월한다는 통계도 있다. 구매 품목은 꽃이나 액세서리 소품 또는 여행항공권 등이라고 한다. 실속 없는 젊은 총각의 모습이 어른거린다.

첫눈은 '추억의 눈'이기도 하다. 40여 년 전 우리 부부의 결혼식 날(11월 25일)에도 서울에 첫눈이 내렸다. 종로5가에 있는 예식장에서 조순(趙淳) 박사님의 주례로 예식을 마치고, 당시의 풍습에 따라 신랑 신부 친구들은 남산으로 드라이브를 갔었는데, 그때 마침 하얀 첫눈이 소복소복 내렸다. 오래전의 일이지만 그때의 그 감동적인 풍경이 눈에 선하다.

다행히 그날 눈이 많이 쌓이지는 않아서, 제주도로 떠나는 신혼여행 비행기는 김포공항을 무사히 이륙하였다. 그리고 혼인날이나 첫날밤에 눈이 오면 평생 금실이 좋다는 말을 지금도 믿으며 살아가고 있다. 해마다 이날 즈음에 첫눈이 내리기를 기대하면서.

그러나 뭐니뭐니해도 첫눈은 시(詩)로 다시 살아난다. 청소년도 노인도 첫눈 내리는 날에는 마음이 부풀고 시를 떠올린다. 인터넷을 찾아보면 첫눈을 주제로 시를 쓴 시인을 수십 명도 넘게 만날 수 있다. 예를 들자면 이렇다.

누구의 발자국 하나 찍히지 않은
순백의 골목길을 지나
첫눈 오는 날 만나기로 한 사람을
만나러 가자
서로 사랑하는 사람들만이
첫눈이 오기를 기다리기 때문이다.

- 안도현 「첫눈 오는 날 만나자」(일부 발췌)

# 포근한 겨울의 단상

우리나라는 양력 1월에 드는 절기인 소한- 대한 무렵에 가장 추운 것이 정상이다. 그러나 올해(2020년)는 설날(1월 25일) 연휴 때까지도 동장군 소리를 듣던 큰 추위 없이 지나가고 있다.

그러다 보니 눈과 얼음을 주축으로 하는 겨울축제를 제때에 열지 못하여 울상인 지방자치단체들이 많다고 한다. 어떤 지역은 금년 겨울축제를 아예 포기해버리는 곳도 나타나고 있다.

특히 가장 추울 때라는 소한 다음날인 1월 7일의 제주도 낮 기온이 섭씨 23.6도까지 올라가서, 기상관측 97년 만의 최고 기온을 기록하였다. 전라남도 완도(19.5도)와 김제(19.8도) 등 전국 28곳에서 1월 최고 기록을 경신하였다고 보도되었다. 또한 금년 겨울에는 서울 한강의 결빙 소식도 듣기 어려울 전망이다.

이와 같은 이상고온 현상은 시베리아 한랭(寒冷) 고기압 세력의 약화와 서태평양(인도양 부근)의 이상 고온이라는 '쌍끌이 효과'가 함

께 발생한 때문이라고 분석되었다.(동아일보: 2020.1.8)

특히 호주를 덮친 최악의 산불도 인도양에서 발생한 이상 고온(이른바 인도양 다이폴 현상)이 호주 상공에서 하강하여, 우리나라(남한) 면적보다 넓은 약 12만㎢의 산림이 불타서 소실되었고, 코알라를 비롯한 야생 동물들이 큰 피해를 입었다고 한다.(연합뉴스)

우리나라도 이러한 이상고온의 날씨 때문에 롱패딩을 비롯한 겨울 패션 사업과 호빵 장사는 울고, 그 대신 골프 용품점이 웃는 현상이 나타났다고 한다.(중앙일보: 2020.1.14) 또한 봄의 전령이라는 복수초(福壽草)가 예년보다 무려 한 달 이상 일찍 피어났다는 소식도 전해졌다.(연합뉴스: 2020.1.16)

남도에서는 눈 속에서 핀다는 설중매(雪中梅)가 눈이 아니라 겨울비 속에서 피어난 모습이 보도되었고, 멀리 낙동강에서는 빨라도 3월이나 되어야 날아오는 여름 철새인 제비가 1월에 목격되었다는 뉴스가 전해졌다.

그러고 보니 내가 사는 아파트 남쪽 울타리 부근의 넝쿨장미는 아직 초록색 잎을 유지한 채 겨울을 나고 있고, 내가 자주 산책 다니는 공원의 양지바른 곳에 있는 찔레꽃 나무에는 새잎이 돋아나고 있는 것을 보았다.

더구나 우리 집 거실 창문 쪽에 여러 해 동안 웅크리고 있던 군자란(君子蘭)은 수년 만에 꽃대를 내밀더니, 대한 날(2020.1.20)에 분홍색으로 화사하게 피어났다. 이 군자란은 백합목 수선화과에 속하는데, 꽃말은 고귀(高貴) 또는 우아(優雅)라고 하니 더 기품이 느껴진다.

게다가 곧 다가올 경자년(庚子年) 설날에 세배하러 찾아올 손주들과 함께 이 군자란을 감상할 생각을 하니, 포근한 겨울이 더 따뜻하게 느껴진다. 시국이 어수선했던 돼지해(己亥年)는 어서 물러가고, 부지런함과 다산을 상징한다는 경자년(庚子年)을 기다리는 세모의 밤이 깊어가고 있다.

(2020.1.24)

# 잔인한 4월

언제부터인가 4월이 되면 '잔인한 4월'이라는 말이 사람들 입에 널리 오르내린다. 이것은 미국 태생으로 영국에서 활동한 토머스 스턴스 엘리엇(T. S. Eliot)의 유명한 시(詩) 「황무지」에서 연유한다.(일부 발췌)

4월은 가장 잔인한 달
죽은 땅에서 라일락을 키워내고
기억과 욕망을 뒤섞고
봄비로 잠든 뿌리를 틔운다.
차라리 겨울은 따뜻했다.
대지를 망각의 눈(雪)으로 덮어주고
가냘픈 목숨을
마른 구근으로 먹여 살려 주었다.

이 시는 제1차 세계대전 이후인 1922년에 처음 발표되었다. 위에 인용한 부분은 모두 433행이나 되는 긴 시의 첫머리 일부인데, 첫 행에 '4월은 가장 잔인한 달'이라는 표현이 나온다. 구체적 설명 없이 결론을 먼저 말해버린 것이다. 그러니 나머지 구절 전체를 읽지 않은 보통 사람은 왜 4월이 잔인한지를 모르는 경우가 많다.

곰곰이 다시 생각해보면, 우리는 겨울에 따뜻한 방에서 두터운 이불을 덮고 포근하게 지냈고, 하얀 눈은 대지를 덮어 모든 것을 잊게 해주었으며, 라일락 나무도 백합 구근도 잠들어 편히 쉴 수 있도록 해준 것이 지난 겨울이었다.

그러다가 봄이 오고 4월이 되면 나무도 풀도 겨울잠에서 깨어나 새싹을 틔어내고 꽃도 피워내야 하는 것이니 잠시 쉬고 있을 겨를도 없다. 차라리 추운 겨울이 편안했던 것이고, 봄이 오는 4월은 오히려 고달프고 잔인하기까지 하다는 것이다. 역설(逆說)이 아닐 수 없다.

다른 비유를 들자면, 젊은 시절의 나를 포함한 보통사람들의 직장생활은 격무에 시달리며 야근까지 하고 늦은 시간에 집에 돌아와 깊은 잠에 곯아떨어졌을 때가 차라리 편하다. 왜냐하면 새벽이 되고 아침 해가 떠오르면 피곤이 덜 풀렸어도 일어나야만 하는 시간을 맞이한다. 이때 더 자고 싶은 그 직장인에게 그 찬란한 아침도 '잔인한 아침'이 되고 마는 셈이다.

결국 엘리엇이 '황무지'라는 이 장시(長詩)를 쓴 시기는 20세기에 들어서서 제1차 세계대전이 막 끝난 때였다. 여러 나라가 얽힌 참혹한 전쟁의 참화를 겪고 나서, 삶의 목적과 의미를 잃은 그 당시의 유럽인들에게, 잔인하기는 하지만 이제 일어나야 할 시간임을 일깨우려 했던 것이라는 견해가 그동안 지배적인 해석이었다.

그러나 최근에는 이와 같은 전통적 견해와는 다른 연구와 견해가 등장하고 있다. 미국 시카고 대학교 제임스 밀러 교수는 엘리엇에 대한 전기적 연구를 수행한 학자의 대표적인 예이다.

그는 엘리엇이 1910년 프랑스 유학 시절에 만났던 장 베르드알이라는 의대생에게 특별한 감정을 느끼고 있었다는 사실을 밝혀냈다. 엘리엇보다 2살 아래인 그는 프랑스 해군으로 참전했다가, 1915년 4월 갈리폴리 해전에서 전사하고 말았다. 이 소식을 들은 엘리엇은 매우 슬퍼했다고 한다.

충격을 받은 엘리엇은 그해에 발레리나 출신의 여인과 서둘러 결혼했으나 결혼 생활은 원만하지 못했다. 1921년에 부부관계를 회복하려고 스위스 로잔의 호숫가에서 요양 중일 때 이 유명한 「황무지」라는 장시를 집필했다고 한다.

엘리엇은 "늦은 오후에 라일락 가지를 흔들며 공원을 가로질러 오던 한 친구가 있었네. 훗날 어느 4월에 갈리폴리의 진흙에 섞여 들어간 한 친구가 있었네."라며 친구의 죽음을 애도하는 글을 남졌다. 4월이 왜 잔인한 달인지, 라일락이 왜 '추억과 낭만의 꽃'인지가 설명된다.

이러한 사실을 토대로 밀러 교수는 황무지를 지배하는 상실감이 서구문명에 대한 것이 아니라, 개인적인 감정이라고 주장하였다. 뒷날 엘리엇 자신도 '황무지'는 시대에 대한 비판의 산물이라기보다, 개인적인 시라고 밝힌 일이 있다고 한다.(주간동아 2018. 4. 4 제1132호)

이제 알고 보니 4월의 라일락꽃이 아름답고 향기롭다고 함부로 꺾어서 흔들 일이 아니다. 더구나 한국에서의 4월은 정말 '비참한 사건 사고'가 많은 달이어서 '잔인한 달'이라고 해도 무방할 법하기도 하다.

예를 들면 내 생에만 해도 해방 직후의 혼란한 시기에 일어난 제주 4·3사건(1948)과 4·19학생혁명(1960)이 있고, 최근에는 세월호 침몰사건(2014)과 강원도 고성 산불화재사고(2019) 등이 모두 4월에 일어났다.

또한 금년(2020) 4월에는 우리나라의 제21대 국회의원 선거(4·15 총선)에서 보수 우파가 비참하게 몰락하다시피 하였고, 역시 올해 4월에 일어난 이천 물류창고 화재사고로 40여 명이 목숨을 잃기도 했다.

또한 신종 코로나 바이러스 감염증(코로나19)이 발생한 지 100일(4월 20일)이 지나가도 노약자 외출 지양을 비롯한 '사회적 거리

두기'가 풀리지 않고 있으며, 학생들의 등교 개학도 미루어지고 있다.

내 개인적으로는 금년 한식날(寒食: 4월 5일)에 갑자기 머리가 어지러운 증상이 생겨서, 뇌경색(腦硬塞)을 의심하고 병원 응급실로 달려갔더니, 이석증(耳石症)이라는 진단을 받게 되었다. 세월이 어지러우니, 내 머리인들 어지럽지 않고 베길 수가 없었나 보다.

이런 내 증세를 두고 남들은 불행 중 다행이라지만, 나에게는 '4월이 잔인한 달'임에 틀림이 없는 것 같다. 봄이 왔어도 춘래불사춘(春來不似春)이고, 금년 4월에 일어난 모든 일이 모두 시절이 수상(殊常)한 데다가, 4월이 잔인하기 때문이리라.

(2020.4.30)

# 지겨웠던 돼지해 여름

해마다 덥고 습하지 않은 여름이 없었지만, 올해(2019 己亥年)여름은 지루한 장마에 더해서, 어수선한 시국(時局) 상황이 겹쳐지니 어느 해 여름보다 짜증스러웠다. 날씨가 궂으면 세상 돌아가는 모습이라도 상쾌하면 좋으련만, 여야 모두 속이 꽉 막힌 '고구마' 같은 정치인들이 제대로 대처하지 못하는 바람에 더 답답하다.

7월 하순의 달력을 보면 17일이 제헌절이고, 27일은 한국전쟁 종전 기념일이다. 그런데 북한은 27일을 자기들의 승전기념일이라고 한단다. 자기가 일으킨 민족상잔(相殘) 전쟁에서 이겼다는 것이다. 속 터질 소리다.

이 무렵의 음력 절기(節氣)로는 7월 22일이 가장 덥다는 대서(大暑)이고, 23일은 중복(中伏)이다. 장마철의 눅눅한 습기까지 더해져서 가만히 있어도 짜증이 나기 쉬운 때다.

이런 날씨에 주변 국가에서는 한국을 얕보는 행위를 집중적으로 전개하고 있다. 나라의 대표자가 스스로 자기의 위상과 정체성을 무시하니, 주변에서 만만하게 얕보기 때문일 것이다.

우선 북한 김정은은 단거리(600㎞급) 개량형 탄도미사일을 태평양 쪽으로 시험 발사에 성공했다. 그러고는 '남조선에 경고를 보내기 위한 무력시위'라고 대놓고 위협했다. 그래도 문 대통령은 국가안보회의(NSC)를 주재하지도 않았다.

앞서 김정은은 문재인 대통령을 향해 대변인이니, 미국과의 중재자이니 하는 소리도 그만 두라고 대놓고 야유도 했다. 그래도 이 나라 대통령은 여름휴가를 가느니 마느니 하는 한가한 타령이나 하고 있다.

이런 상황에서 도널드 트럼프 미국 대통령은 북한의 미사일 도발에 대해 "미국에 대한 직접 위협이 아니다."면서, 북핵(北核) 협상중인 김정은의 비위를 건드리지 않으려고 수수방관하는 태도를 보인다.

오히려 트럼프는 한국을 세계무역기구(WTO)의 개발도상국 지위에서 제외해야 한다고 주장한다. 그렇게 되면 한국은 농수산물 분야에서 매우 큰 타격을 입게 된다. 동맹국인 한국의 문 대통령이 트럼프에게 밉보이니까, 북한의 김정은만큼의 대우도 못 받는 것이 아닌가 싶다.

또한 중국과 러시아의 전투기들이 합동으로 우리나라 동해 항공

식별구역(KADIZ)을 침범하여, 우리 공군의 전투기들이 위협사격을 하는 초유의 상황이 벌어져도 대수롭지 않다는 듯이 어물어물 넘기려는 모양이다.

그러니 이틈을 타서 일본도 자위대 항공기를 출격시키면서, 독도는 일본 영토라는 주장을 잽싸게 펼친다. 기회를 잘 활용하는 일본다운 모습이다.

이러한 상황에서 우리나라 대법관 중 상당수는 임명권자인 문(文)대통령의 의중을 살펴서 하급심의 올바른 판결을 뒤집었다. 일제시대의 강제 징용 노무자에 대한 일본의 배상 판결을 내림으로써, 한일 관계를 결정적으로 악화시키는 계기를 만들어내고 말았다. 국내법과 국제법(조약 및 협정)의 차이를 구분하지 못한 결과라는 주장도 있다.

이러한 시도는 상대방인 일본이 수긍하지 않으리라는 것을 뻔히 알면서도 친일 대 반일 구도를 만들어서, 내년 국회의원 선거에서의 압승으로 개헌 추진과 장기 집권까지 노리는 꼼수라는 분석도 있다. 심지어 토착 왜구(倭寇)라느니 반일(反日) 종족주의라느니 하는 논란까지 불러, 국론을 분열시키고 있다.

나라의 장래를 걱정하는 것이 아니라, 좌파 정권의 욕심이 앞서 있으니 걱정이 아닐 수 없다. 그래서 이 늙어가는 민초(民草)에게 돼지해 여름은 더 무덥고 매우 짜증스럽게 느껴진다.

(2019.7.30)

# 삼한사미(三寒四微)와 탈원전(脫原電)

겨울에 접어들면서 추위에 대한 걱정보다 미세먼지에 대한 염려가 더 크다는 언론 보도가 잦아졌다. 오죽하면 국민 걱정거리 1위가 미세먼지라는 보도도 있었다.(조선일보: 2018.2.28)

또한 지구 온난화로 예전보다 추위는 덜 해진 대신 미세먼지가 더 극성을 부리는 것을 두고, 삼한사미(三寒四微)라는 신조어도 생겨났다.(동아일보: 2018. 11.27)

어떤 학자는 '미세먼지 특별법' 국회 입법을 앞두고, 이 '미세먼지'라는 잘못된 표현부터 바로잡아야 한다고 주장한다. 이제부터라도 PM(Particulate Matter)이라는 용어의 원래 의미를 살려 '유해미립자(有害微粒子)'라고 해야 정부와 국민의 경각심을 일깨울 수 있을 것이라는 주장이다.(홍준희 가천대 에너지학과 교수: 서울경제신문: 2018.5.9)

그러나 올해(2019년 2월 15일)부터 시행 예정인 미세먼지 특별법에서는 이미 국민에게 친숙해진 용어라는 이유로, 국회와 정부는 미세먼지라는 용어를 그대로 쓰기로 했다.

같은 한자 문화권인 일본(日本)에서는 미세먼지(PM-10)를 '부유입자(浮遊粒子)'로, 초미세먼지(PM-2.5)는 '미소입자(微小粒子)'로 구분해 사용한다. 중국은 과립물(顆粒物)이라는 표현을 쓴다.

미세먼지의 발생 원인에 대해서도 정확한 분석이 미흡하다고 한다. 지난 1월(2019.1.11~15)에 나타났던 최악의 미세먼지는 일시적이지만 중국과 몽골에서 75%가 밀려왔다는 보도가 있었다.(중앙일보: 2019.2.9)

그러나 우리나라 수도권 초미세먼지의 발생 원인은 1위가 경유자동차(29%), 2위는 건설기계중장비(22%)로, 휘발유보다 힘이 좋은 경유 사용에 따른 미세먼지가 절반(51%)을 넘는다고 한다.

3위는 냉난방(22%), 4위는 발전소(11%)로, 화석연료 연소용 보일러 가동에서 약1/3(33%)가 배출된다. 그 나머지는 날림먼지(10%)와 그 밖의 기타 여러 요인이라는 분석이 있다.

그런데 미세먼지 배출 용량이 가장 큰 굴뚝을 가진 석탄화력발전소만 가동정지 요청을 자주 받곤 한다. 높은 굴뚝에서 뿜어져 나오는 매연(煤煙)이 눈에 잘 보이기 때문일 것이다.

더구나 천연가스로 전기를 생산하면 깨끗할 것이라고 믿는 사람도 많다. 그러나 가스가 연소된 다음에 배출되는 물질은 눈에 잘 보이지 않을 뿐이고, 대기 중에 들어가면 질소화합물(NOx)로 전환된 악성의 초미세먼지로 변한다고 한다.

현대 문명에서 전기는 필수적 에너지인데, 생산원가가 높지만 상대적으로 깨끗한 태양광이나 풍력 같은 신재생(新再生)에너지 비중이 크게 확충되지 않은 상황에서, 안전하면서도 발전원가가 가장 저렴한 한국형 원자력 발전소를 외면하는 탈원전(脫原電)까지 추진되면, 그 대안은 훨씬 높은 원가의 가스발전에 의존해야 할 것이다.

이러한 상황에서 만일 미국의 셰일가스(Shale Gas)나 호주나 동남아시아나 중동 등 공급여건이 다양한 액화천연가스(LNG: Liquefied Natural Gas)를 외면하고, 에너지 안보 리스크(Risk)가 매우 크고 거의 개발이 안 된 러시아 극동지역의 파이프라인 운송 천연가스(PNG: Pipeline Natural Gas)를 북한을 통과하는 지하 파이프 라인(管路)를 통해 들여올 구상이라면, 이는 생각하기도 싫은 끔찍한 일이다.

또한 이 정부가 국민들의 다수가 반대하는 탈원전을 고집하는 것은 잘못된 판단이라고 생각된다. 한국 원전은 세계 최고 최신의 기술을 바탕으로 한 것이고, 미국과 일본도 부러워하고 있다. 안전하고 청정한 원자력발전은 가장 뛰어난 미세먼지 대책이자, 지구온난화 예방대책이기도 한 것이다.

그러나 이 험난한 세상을 살다가 재수 없으면 가끔 악몽(惡夢)을 경험하게 될지도 모르겠다. 그런 일이 에너지 위기 시대에 일어나지 않기를 소망할 따름이다. (2019.2)

## 청수봉(淸水峰)과 도솔정(兜率亭)

우리 가족이 청담동(淸潭洞) 언덕으로 이사 온 것은 어언 35년 전의 일이다. 지금 40대 후반인 아들에게는 초등학교 5학년 때의 일인데, 먼저 다니던 학교에서 반장을 그만두고 낯선 동네로 전학해온 그날의 충격이 너무 커서, 그 날짜(1984년 11월 18일)까지 또렷이 기억하고 있다고 한다.

그때 나는 근무하고 있었던 회사(한국전력공사)의 본사가 명동 입구에서 여의도로 옮겨갔다가, 다시 강남(삼성동)으로 이전하는 과정을 겪었다. 야근이 잦았던 부서에 근무하였던 나는 출퇴근 애로를 극복하려고, 큰 마음먹고 회사 따라 이사하였던 곳이 청담동이었다. 걸어서도 출퇴근이 가능한 주택가를 선택한 것인데, 지인들은 강남이 크게 발전하리라는 것을 미리 내다본 안목이 있었던 모양이라고 지금에 와서 듣기 좋게 말해준다.

돌이켜보니 이곳에 35년 동안 살면서 아들 딸 3남매를 시집 장가 보냈고, 나도 정년이 되는 해에 임원의 임기를 무사히 마치고 퇴임하였다. 또한 이곳은 70여 년의 내 생애에서 가장 오래 살아온 곳이기도 하다. 그래서 나는 이 청담동을 좋아하기도 하려니와 정도 많이 들어서, 다른 곳으로 이사할 생각은 전혀 하지 않고 있다.

내가 이곳을 좋아하는 가장 큰 이유는 자연이 살아있는 청담공원(淸潭公園)이 가까운 곳에 있기 때문이다. 청담동 한가운데에 자리한 이 공원은 도로에서는 잘 보이지 않지만, 자연적인 야산(野山) 그대로의 모습을 아직도 간직하고 있어서 도심 속에서 자연을 즐길 수 있다.

이곳은 1971년에 공원으로 지정은 되었으나, 군사시설이 남아있어 출입이 제한되다가, 1980년에 와서 근린공원으로 부분적으로 개장되었다. 그러나 가장 높은 봉우리(지금 정자가 세워진 곳)는 내가 이사 온 뒤에도 부분적으로 출입에 제한이 있었다.

그러나 지금은 군사시설은 전혀 없을 뿐만 아니라 그 봉우리 동쪽 편으로 골프연습장과 배드민턴 운동장도 조성되어있고, 간이운동시설과 정자들도 여러 곳에 배치되어 있다.

남쪽 능선 아래쪽에는 작은 분지가 있는데, 흩어져있던 시비(詩碑) 7개를 이곳에 모아 작은 정원을 만들고, 둘레길(산책로)을 조성하여 '시비광장'이라 부르고 있어 낭만을 느끼게 한다.

이제 70대 중반에 접어든 이후에 나는 의사의 권유로 등산과 골프를 자제하게 되었다. 그래서 건강관리를 위하여 혼자서 하루 1시간 정도의 시간을 내어 언덕길을 오르내리며 걷다가, 운동 기구들을 붙잡고 매달리거나 몸을 뒤트는 운동으로 마무리하곤 한다.

그러다가 지나다니던 봉우리에서 가끔 심호흡을 하며 쉬어 가는 정자, 그리고 졸졸 흐르는 물소리를 들으며 건너다니던 실개천에 내 나름대로 이름을 붙여서 흥을 돋우어 보기로 하였다. 외람되기는 하지만, 내 멋에 겨워서 풍류(風流)를 흉내내는 일이니, 누가 무어라 한들 어쩌겠는가!

· 우선 청담공원의 가장 높은 봉우리는 청담동의 옛 지명인 '청숫골' 유래를 살려서 '청수봉(淸水峰)'이라 하고,

· 그곳에 세워진 작은 정자는 내세를 구제할 미륵보살이 살고 있는 높은 하늘의 천상정토(天上淨土)와 가까우니 '도솔정(兜率亭)'이라 할 것이며,

· 청수봉 아래 계곡에 꽤 많은 양의 물이 흐를 때가 있는데, 이것이 자연 하천이었다면 '청담천'이라 불렸을 것이다. 그러나 이 간헐천(間歇川)은 자연적인 하천이 아니라, 계곡 상부까지 지하에 파이프를 매설하여 인공으로 물을 끌어올렸다가 지상으로 흘려보내는 인공 하천이다. 놀러 나온 어린이들이 발을 담그고 산새들이 목을 축이고 목욕도 할 수 있게 해주는 인자한 물길이니, 그 이름을 '인수천(仁水川)'이라 하리라!

나는 오래 기대어 살아왔고 또 앞으로도 함께할 청담공원의 명소(名所)에 작명까지 마쳤으니, 이제 좀 더 유유자적(悠悠自適)하면서 살아가리라 다짐해본다. 아! 이 청명한 가을 하늘이여!

(2019.10)

# 삼자성어(三字成語) 난무(亂舞) 시대

시대의 흐름이 변하면 이를 표현하는 새로운 용어가 등장하여 세상이 변했음을 실감나게 표현해주는 경우가 많다. 때로는 그 시대의 유행어가 그 사회의 변화를 상징하기도 한다.

한국에서의 급격한 세태변화는 2016년에 일어난 대통령 탄핵(彈劾: 폭탄 같은 큰 꾸짖음) 사태에서 출발한다. 당시 야당(더불어민주당)이 발의한 박근혜 대통령 탄핵 안이 일부 여당(한나라당) 의원의 이탈 가세로 가결되어 직무가 정지되었다. 그 후 헌법재판소에서도 탄핵 심판이 최종 가결 인용됨으로써 우리나라 최초의 여성 대통령은 그 직에서 물러났을 뿐만 아니라, 형사 소추로 영어(囹圄)의 몸이 되고 말았다.

이후 2017년 5월에 있었던 보궐선거에서 더불어민주당의 문재인 후보가 분열된 한나라당 후보를 물리치고 대통령에 당선되었다. 이로써 이른바 '촛불혁명'이 완수되어 좌파 정부가 출범하였고,

그 후 2년 반이 지나 오늘(2019년말)에 이르고 있다.

나는 친구들과의 술자리에서 문재인 정부 2년 반의 특징 가운데 하나로, 세 글자로 이루어진 축약어(縮約語)의 범람을 지적할 수 있다고 말하여 공감을 얻었다. 장난삼아 그중 몇 가지를 살펴볼까 한다.

우선 경제 분야 용어로 널리 회자(膾炙)되는 말로는 '소주성'과 '탈원전'을 들 수 있다.

'소주성'은 '소득주도 성장론'을 가리키는 말이다. 문재인 정부는 저임금 비정규직 근로자의 소득 향상을 위해 최저임금의 무리한 인상을 추진하였다. 선의에서 출발하였다고 하지만, 고용주의 지불능력을 초과하는 임금 인상으로 오히려 중소기업과 소상공인이 위기에 몰리게 되고, 전체 고용률이 감소하는 역효과도 나타나고 있어 많은 비판이 제기되고 있다.

세계적인 경제 석학 로버트 배로(Robert Joseph Barro, 1944.9.28~) 교수는 '소주성(income-led growth)'이라는 말은 한국에서 처음 들어본 말이며, "인건비를 올리고 일하는 시간을 줄여 경제성장을 꾀한다는 논리도 생전 처음 듣는다."고 말한다.

'탈원전'은 경제성과 기술면에서 세계 최고 수준인 우리나라의 원자력 발전 비중을 줄여나가면서, 태양광이나 풍력 같은 자연에너지로 대체하자는 주장이지만 경제성이 없다. 심지어 7천여 억

원을 들여 설비를 개선해 놓은 월성원전 2호기를 운영하지 못하게 하거나, 1조원 가까이 선행 투자가가 이루어진 세계 최고의 신한울 3·4호기 한국표준형 원전의 건설을 취소하라는 압력을 넣기도 하였다.

많은 전문가들과 언론에서 그 부당성을 수도 없이 지적하고 있어도 대통령은 마이동풍(馬耳東風)이다. 한전에서 평생을 근무한 나도 가슴이 답답하다.

정치분야에는 '연동형(또는 연비제)'와, '공수처(또는 공비수)'가 언론에 회자되고 있다.

'연동형'은 '연동형 비례대표제' 선거의 앞머리만 떼어낸 말이니, 제대로 줄이려면 '연비제'라고 해야 한다는 주장이 있다. 다당제 체제에서 여권과 연대하는 소수당에 유리하다고 하며, 그래서 특정 정당과 연대하는 많은 소수 정당이 등장할 것이라고 한다.

'공수처'는 '공직자 비리 수사처'를 일컫는 것이므로, 단어의 앞 글자를 모아서 '공비처'라 불러야 한다는 주장도 있으나, 어감이 좋지 않아서 공수처로 부르기로 한 모양이다. 또한 "검찰 개혁 한다더니, 검찰보다 더 힘센 괴물을 만들었다."는 비판도 있다.(중앙일보: 2019.12.31)

나는 기해년(2019년)을 보내면서, 잠시 3자성어 범람세태를 돌아다보았다. 그러다가 우리 동네 어느 집 벽에 새겨놓은 글귀를 발견하고는 희망을 보았다. '애인자즉인애지(愛人者卽人愛之)'는 '남을 사랑하는 사람은 남으로부터 사랑을 받게 된다'는 뜻으로 『맹자(孟子)』에 나오는 말이다.

나는 삼자성어 전성시대에 술자리에서 이 맹자의 삼자성어로 건배 구호를 대신 하였더니, 반응이 괜찮은 것 같았다. 그래서 이 삼자성어론을 가지고 이 어두운 세모(歲暮)에 횡설수설(橫說竪說)하여 보았다.

(2019.12)

## 코로나 바이러스 검사를 받고 나서

코로나19의 확산으로 인한 '사회적 거리 유지'라는 새로운 풍속 때문에 집안에만 갇혀 지내느라 심란해진 마음을 달래려고 오후에 산책을 마치고 집에 들어와 쉬고 있을 때였다. 요란하게 현관 벨이 울려서 무슨 일인가 하고 황급히 나가보니, 마스크를 눌러쓴 주민센터 직원 2명이 심각한 얼굴로 서 있었다. 설명의 요지는 이 아파트 우리 라인에 사는 여자 한 분이 해외여행을 다녀왔는데, 코로나19 확진자로 판명되어 지금 119구급차로 병원으로 실려 갔다는 것이다. 그래서 우리 라인의 28세대 주민 모두는 3일 이내에 강남구 보건소를 찾아가서 '검체검사'를 받아야 한다며, 안내문과 마스크 3매를 건네주었다.

충격적인 소식이었다. 다른 동네일인 줄로만 알고 지냈는데, 우리 아파트 내 이웃의 일이라니 잠시 어리둥절하고 심란해졌다. 특히 아내는 조심하느라고 평소에 엘리베이터를 이용하지 않고 계단을 걸어서 다니는데, 이날 현관에 내려갔을 때 마침 바로 눈앞에서 환자가 엘리베이터를 타고 내려와 마당에 대기하고 있던 앰뷸런스에 오르는 모습을 가까이에서 보았기 때문에 더 놀란 가슴이라고 한다.

검사는 밤10시까지도 한다고 해서 동네 주민 여러 사람들이 당일 저녁에 보건소로 달려갔다. 나는 아내를 진정시키면서 첫날이라 사람들이 몰릴 것을 우려해서, 우리 부부는 다음날 낮에 검사를 받기로 하고 하루를 미루었다.

다음날(3월 20일) 오후에 걸어서 보건소를 방문했더니, 기다리는 사람이 없어서 즉시 검사를 받을 수 있었다. 검사 담당자는 내일 오후 늦게 결과를 알려준다고 했다. 돌아오는 길에 마트에 들러 먹거리를 조금 사가지고 왔으나, 가벼운 흥분과 걱정이 겹쳐서 몰려왔다.

검사 결과가 나온다는 토요일 오후에 산책을 다녀와 집에서 기다리고 있는데, 5시가 지나도록 보건소에서 연락이 오지 않자 좀이 쑤시기 시작했다.

나는 더 기다릴 수가 없어서 직접 보건소에 전화를 걸었다. 한참 기다린 후에야 아무 이상이 없고, '음성'으로 판정되었다는 답변이 들려왔다. 나는 반사적으로 "감사합니다"라고 말하며, 보이지도 않는 상대방에게 절을 꾸벅 했다. 조금 뒤에 아내도 같은 문자를 받고서 우리 부부는 괜한 조바심을 내었던 일이 쑥스러워서 마주보며 슬며시 웃어넘겼다.

조금 뒤에는 나에게도 확인 문자 메시지가 왔다. 남자인 내가 양성(陽性)이 아니라, 음성(陰性)이라는 것이 이렇게 좋을 줄은 미처 몰랐었다. 비로소 나도 모르게 입가에 웃음이 번지고 지나갔다.

이날 아내는 저녁상에 훈제 오리고기를 올렸다. 불현듯 막걸리 생각이 절로 났다. 애주가 축에 드는 나는 요즘 친구들과 어울려 음식점에 가지 못하는 시점이라, 집에서 마누라 눈치를 살피면서 '격일에 막걸리 반 병' 원칙을 천명하고 겨우 연명(?)하는 중이다.

더구나 '소주성'과 '탈원전'으로 무너져가는 이 나라의 풍진 세파를 마음으로 이겨내려면 이 나이에 홀로 마시는 '격일제 막걸리 반 병'이 무슨 흉이 되랴 싶어 가끔 호기를 부려 본다. 그러나 점점 호랑이로 변해가는 마누라가 무서울 때가 많아지기도 한다.

더구나 개학이 미루어져서 초등학교 2학년은 마쳤는데 3학년으로는 올라가지 못해서 아직 '2.5학년'에 머무르고 있다는 손자가 보고 싶어도, 놀러 오라는 소리를 못하니 답답함이 더해진다. 그래도 세월은 흘러 어느덧 춘분(春分)이 지나니 추위는 물러가고 날씨는 화창하다.

이제 코로나가 극성을 부리든 말든, 국회의원 선거 날짜가 가까워지든 말든, 추운 겨울을 이겨낸 목련도 벚꽃도 화려하게 피어날 것이고, 우리 인생도 봄날에 묻혀서 흘러갈 것이다. 그리고 이 무서운 코로나도 결국에는 사라지고야 말 것이라고 믿는다.

(2020.3.21)

# 경자년의 봄

세상 돌아가는 것이 마음에 들지 않아도 세월은 그대로 흘러서 또 봄이 왔다. 화창한 봄날을 상징하는 올해의 청명(淸明) 절기는 4월 4일이고, 잇따라 드는 한식(寒食)은 4월 5일이었다. 목련과 벚꽃을 비롯한 화려하고 다양한 꽃들이 다투며 피어나고 있다.

올해도 봄 하늘은 말 그대로 청명하고 화창한데 세상에서 처음 보는 무서운 역병(疫病)이 창궐(猖獗)하여 문밖을 나설 수가 없게 되었다. 처음에는 중국 우한(武漢)에서 발생하였다 하여 '우한 폐렴'이라 하더니, 이제는 중국이라는 말은 빼고 '신종 코로나 바이러스 감염증(줄여서 코로나19)'이라 불리는 이 고약한 놈이 전 세계를 공포스럽게 하는 지경이다.

이에 따라 우리나라에서는 사실상의 외출금지를 뜻하는 '강화된 자가격리'를 2주간 연장함으로써 모든 국민이 사실상 집안에 갇혀 지내게 되었다.(1차: 2020.3.23~4.5 / 2차: 4.6~4.19) 외국에서 입국

하는 사람에게는 더 엄격한 2주간의 자가 격리를 강제하고 있다. 그러나 이것으로 끝날 것 같지 않다.

4월 4일 청명(淸明)을 기준으로 전 세계의 확진자(確診者)는 1백만 명을 넘어섰고, 사망자도 5만 명을 넘어섰다. 마스크는 필요 없다고 큰소리치던 미국 트럼프 대통령도 환자가 25만 명, 사망자가 5천명을 넘어 세계 1위의 감염국이라는 불명예를 안게 되자 표정이 달라지고 있다.

미국 다음이 스페인- 이탈리아- 독일- 중국- 프랑스- 이란- 영국- 스위스 - 터키 등이 '워스트 텐'에 든다. 다행히도 일찍 소란을 겪었던 한국은 조금 진정되어 15위로 밀려나 있다. 이것을 두고 일부 정부 당국자는 모범 방역국 운운하며, 초기 방역 실패를 만회하는 구실로 삼으려 한다.

최초의 발원지인 중국의 눈치를 살피느라 국내 의료진의 건의를 무시하며 전세계에 문을 열어 두고, 마스크마저 중국으로 실어내었던 정부였다, 그러나 한국은 현명한 국민들의 자발적 협조와 헌신적인 의료진의 노력에 힘입어 감염자 순위가 다행히도 15위 이하로 내려가고 있다.

이것을 두고 문 대통령은 자기의 공적인 양 자랑하고 싶어 안달을 한다. 대만이나 싱가포르는 물론 베트남 보기에도 창피한 모습이다. 다른 일은 다 잘하지 못하는데 코로나 방역만 잘하는 정부란 있을 리가 있겠는가.

지금도 수시로 경보음을 울려대는 핸드폰 소리에 깜짝 놀라곤 한다. 특히 이곳 강남에는 해외 유학생들이 많이 돌아와 거리와 음식점을 돌아다니고 있어, 주민들이 자발적 자가 격리에 들어가 있는 상황이다.

아무튼 이 답답한 상황이 빨리 지나가기만을 기다리며, 아름다운 봄날을 집안에 갇혀서 흘러 보내고 있자니 속이 울렁거리고 가슴이 답답하기만 하다. 게다가 오늘 침대에서 일어날 때 머리가 어지러운 증상이 나타나고 있으니, 노화 증상의 하나인 이석증(耳石症)이 생긴 것 같아서 내일에는 병원에 가봐야겠다.

그리고 미국 미시간주에 살고 있는 막내 딸네 가족을 위해 마스크를 보내려 하니, 1인당 8매씩 개별 포장해서 따로따로 3상자를 보내는데 약 8만원의 우송료가 들었다. 웃기는 행정이다. 배보다 배꼽이 더 크다는 말은 이런 경우를 두고 하는 말인 듯싶다. 게다가 딸과 외손자 두 명 몫은 보낼 수 있으나, 사위 몫은 가족관계 증명서에 나타나지 않으므로 본가에서 따로 보내야 된다는 웃지 못 할 에피소드도 겪어야 했다.

이제 여의도와 석촌호수 그리고 양재천을 비롯한 모든 벚꽃 명소들도 길을 차단하여 사람들이 모이지 못하게 하고 있다. 제주도의 노란 유채꽃밭도 갈아엎었다고 한다. 특히 나의 고향 길인 동해안 옛 국도의 벚꽃 가로수가 아름다운 강원도 삼척의 맹방 유채 꽃밭도 모두 갈아엎었다는 소식에 가슴이 짠하다.

특히 올해 4월 5일은 철 지난 식목일(植木日)이자 조상 묘를 살핀다는 한식(寒食)이 겹친 날인데, 음력 일진으로는 기묘(己卯)일이었다. 그런데 이날은 엎친 데 덮친 격으로 나에게는 세상이 빙빙 도는 것 같은 기묘(奇妙)한 증상이 겹쳐 일어나니, 참으로 이상하고 두려운 봄이다.

(2020.4)

# 윤달과 윤날이 겹쳐 드는 해

2020년 경자년(庚子年)은 윤날〔潤日〕과 윤달〔閏月〕이 함께 들어있는 특이한 해다. 양력으로는 2월에 하루가 더 있어 29일까지 있고, 음력으로는 4월에 한 달이 더 있는 윤사월(양력 기준: 5월 23일~6월 20일)이 들었다.

역술가(易術家)들은 지난해 연말에 이러한 흰 쥐의 해인 경자년(庚子年)을 액운(厄運)이 많을 해로 내다보기도 하였다. 그래서인지 신종(新種) 코로나바이러스라는 감염병이 무섭게 번지고 있는 봄이 속절없이 흘러가고 있다.

이 윤(閏)이라는 글자의 해석에도 어두운 구석이 깃들어있다. 우선 이 글자의 모양대로 풀이해서 '임금이라 할지라도 외출을 삼가고 문안에 들어앉아있는 모양'이라는 파자(破字) 풀이가 있다. 또한 이 글자는 왕(王)이 문(門) 안으로 완전히 들어가지 못한 모습에 비유하기도 하며, 그래서 옛날에는 정통성(正統性)이 모자라라는 왕위를 윤위(閏位)라고 부르기도 하였다.

또한 이 윤달을 여벌 달, 공 달, 덤 달 등으로 좀 낮추어 부르기도 한다. 정상적인 보통 달과는 달리 꺼릴 것도 걸릴 것도 없는 달이고, 무슨 일을 해도 뒤탈이 없는 달로 치부한다.

그래서 윤달에는 어느 방향으로 이사를 해도 탈이 없다 하고, 집을 크게 수리해도 무방하다고 믿었다. 특히 보통 때에는 손대기 힘든 산소(山所)를 이장하거나, 화장해서 산골(散骨)하는 일도 윤달의 풍속이다.

특히 금년에는 코로나라는 괴질(怪疾) 때문에 사람 모이는 것이 겁나서, 결혼 시즌인 3~4월에 미루었던 결혼식도 이 윤사월에 많이 한다고 한다.(서울경제신문 2020.4.23: 코로나가 바꾼 윤달 풍속 참조) 나도 집안 조카뻘 되는 친척의 청첩장을 받은 바 있다.

이렇게 만만한 윤달은 공 달-덤 달-여벌 달이어서 농경(農耕)을 위주로 하던 우리 선조들은 꺼림칙하거나 궂은일을 해치우는 시기로 활용한 것도 지혜의 산물일 수도 있겠다는 생각이 든다.

음력에서 윤달을 두는 것은 달의 변화를 기준으로 하는 태음력을 계절의 변화를 정확하게 반영하는 태양력과 맞추기 위해서다. 음력은 달의 변화를 기준으로 하여 한 달이 29~30일인데 비하여, 양력은 지구의 공전 주기를 기준으로 하여 한 달이 30~31일이고, 1년은 365일이다. 음력은 양력보다 1년에 11일이 적다.

그래서 대략 3년에 한 번씩, 그리고 19년마다 7번의 윤달을 두는

'윤법(閏法)'이 활용되고 있다. 윤달이 드는 빈도는 4~5월이 가장 많고, 11~12월은 거의 없다고 한다.(한국민속문화 대백과사전 참조)

아무튼 이 암울한 경자년 윤사월에는 코로나라는 고약한 녀석 때문에 집밖을 나서기가 두렵고, 벗들과의 정기 모임도 대부분 취소되거나 무한정 연기되고 있다. 따분한 봄날의 연속이다.

한편 불교계는 우리나라에서 공휴일로 지정되어있는 음력 사월 초파일 '부처님 오신 날(釋迦誕辰日)' 행사를 금년에는 한 달을 늦추어서, 윤4월 초8일(양력 5월 30일)에 시행하는 지혜를 발휘하기도 하였다.

그러던 어느 날 오후 공원 산책길에 내 멋대로 청수봉(淸水峰)이라 이름 지어 둔 정상 주변의 소나무 숲에서 송화(松花) 가루가 날리는 모습을 보고, 박목월(朴木月) 시인의 「윤사월」이라는 시가 생각났다. 혼자 흥얼거리면서 숲길을 걸어 보는 윤사월이다.

이 화려한 신록의 윤사월도 그렇게 시들어 가는 것 같아서, 나에게도 눈 먼 처녀의 안타까움과, 혼자 그려보는 설렘이 함께 스며들고 있는 듯하다.

송홧가루 날리는 외딴 봉우리
윤사월 해 길다 꾀꼬리 울면
산지기 외딴 집 눈먼 처녀사
문설주에 기대어 엿듣고 있다.

- 박목월, 「윤사월」

에필로그

# 감사하는 마음

5년 만에 다시 2번째 수필집을 내면서 또 여러 사람들에게 폐를 끼쳤다. 고맙고 감사한 마음을 간직하고 있음을 기록하여 두려고 한다.

우선 시력이 나빠져서 더듬거리며 겨우 타자(打字)한 나의 초고(草稿)를 읽고 교정하면서, 비평과 잔소리도 마다하지 않는 아내에게 고맙고 애틋한 마음을 전한다. 서예가(대한민국 미술대전 초대작가)로서 이번에도 제자(題字)를 직접 붓으로 쓰고, 표지의 그림까지 그려준 것에도 감사한다.

다음으로는 필자의 졸고(拙稿)를 꼼꼼하게 점검하고 교정해주신 명화남(明和男) 명예교수님의 노고에도 머리 숙여 감사드린다. 함께 수련하는 선도(仙道) 수련도 오래 지속되어, 항상 건강 하시기를 마음속으로 기원해본다.

그리고 이번에도 이 수필집의 초고가 컴퓨터로 편집되기까지에는 한전(韓電) 입사동기이며 사진작가인 유촌(柳村) 신욱상(申旭相) 인형(仁兄)의 뛰어난 전산 처리와 사진작업 및 마무리 교정에 크게 도움을 받았다. 이 자리를 빌어 함께 고마운 마음을 또 전하고 싶다.

그밖에도 평소에 따뜻하게 대해주고 격려해주는 문단 선·후배님들의 격려에 감사드리며, 함께 나이 들어가는 벗들의 우정과 함께, 철들어가는 자식들의 보살핌에도 고맙다는 말을 남기고 싶다. (梅軒)